KB268393

CBP

비즈니스 中国语

감수 **중국어공부기술연구소**
저자 **정인선**

저자

정인선

- 北京语言大学 경제무역학과 졸업
- HYATT HOTEL CASINO 동남아판촉부(VIP 고객 수행)
- 시사중국어학원 강사
- 호서대학교 벤처정보대학원 강의
- 다수 기업체 출강
  SKC&C, SK Telecom, 하이닉스, 하나은행,
  금호석유화학, 금호타이어, 한화그룹, 한국가스공사,
  삼성테크윈, 한전KDN, 모토로라 등

직장인 중국어 첫걸음

CBP 비즈니스 中国语 3(초급 코스)

초판인쇄 2015년 10월 05일
초판발행 2015년 10월 15일

편   저 정인선
펴 낸 이 엄태상
책임 편집 전유진
편   집 조이수, 이경민
내지디자인 이건화
표지디자인 서동화
마 케 팅 오원택, 이승욱, 박기진, 김동현, 전한나, 박나연
펴 낸 곳 (주)시사중국어사
등록 일자 1988년 2월 13일
등록 번호 제1 - 657호
주   소 서울시 종로구 자하문로 300 시사빌딩
전   화 구입문의 (02) 3676-0808
　　　　　 내용문의 (02) 3671-0542
팩   스 (02) 747-1945
홈 페 이 지 book.chinasisa.com
이 메 일 sisachinabook@hanmail.net
ISBN 979-11-5720-002-3 14720
　　　　 978-89-7364-971-6 14720(set)

머리말

　한국과 중국은 지난 1992년 국교를 수립한 이후 22년간 정치, 경제, 사회, 문화 등 다양한 분야를 통해 활발하게 교류해 왔습니다. 더욱이 최근 들어 K팝과 드라마 등 한류 컨텐츠들이 중국 사람들의 마음을 움직이면서 정치, 경제뿐만 아니라 문화 콘텐츠들의 중요성도 날로 커져가고 있습니다.

　특히 중국이 미국과 함께 세계 경제를 움직이는 G2국가로 발돋움함에 따라 중국 시장에 진출하려는 한국 기업들의 숫자도 증가하고 있습니다. 과거 영어와 일본어를 중점으로 배웠던 것이 영어와 중국어로 바뀌어 가고 있다는 방증이기도 합니다. 중국에 진출했거나 진출하려는 비즈니스맨들에게 있어 중국어의 필요성은 거듭 강조해도 지나침이 없는 이유입니다.

　이런 이유로 국내 대기업 및 많은 중소기업에서 임직원들에게 중국어 학습을 지원해주고 있습니다. 저자 자신도 많은 국내 기업들의 강의를 해오면서 다양한 교재로 강의를 해봤지만 회사원들의 실용적인 회화의 중점을 둔 교재가 많이 없다는 점에 늘 아쉬움이 있었습니다. 중국과의 비즈니스 기회가 많아지고 한국을 관광하는 중국인들의 숫자가 일본을 추월하면서 일상 중국어뿐 아니라 실전 비즈니스에서 사용할 수 있는 중국어가 이제는 필요한 시점입니다.

　총 4권으로 구성된 이 책에는 중국어 입문, 초중급 학습자들을 위한 중국어 발음부터~중급 단계까지의 모든 문법 내용을 담고 있습니다. 또 매 과의 회화를 2개씩 담아 회사에서 일상적으로 일어나는 내용과 상황으로 꾸며 비즈니스 중국어 회화까지 쉽게 익힐 수 있도록 만들었습니다.

　또한 많은 기업에서 요구하고 있는 TSC(Test of Spoken Chinese)를 미리 연습할 수 있도록 일상생활 및 비즈니스 상황 등을 소재로 해 질문에 답하거나 과제를 수행하는 형식을 연습문제로 다뤘습니다. TSC는 '중국어 말하기 시험'으로 학교는 물론 국내 유수기업과 국가 기관 등에서 중국어 말하기 실력을 평가하는 기준으로 쓰이고 있습니다.

　이 책으로 학습해 원활한 커뮤니케이션 능력을 습득하고, 특히 중국과의 비즈니스에서 적극 활용할 수 있기를 바랍니다. 저자 또한 이 책이 여러분의 중국어에 밑거름이 됐으면 하는 작은 바람과 좋은 성과를 얻을 수 있는데 조금이나마 도움이 될 수 있기를 기대해 봅니다.

　마지막으로 이번 중국어 교재를 쓰는데 아낌없는 응원과 큰 힘을 실어주신 시사중국어사의 박응철 이사님과 편집부 전유진 팀장님께 깊은 감사의 마음을 함께 올립니다.

　아울러 든든한 버팀목이 된 가족들에게도 고마운 마음 전합니다.

정인선

차례

제01과 你一般在公司食堂吃早饭吗?

Nǐ yìbān zài gōngsī shítáng chī zǎofàn ma?

당신은 보통 회사 식당에서 아침을 먹습니까?

15

학습내용 완료형 / 因为……所以 / 不但……而且
더하기 직업

제02과 越来越热了。 Yuè lái yuè rè le.

점점 더워집니다.

29

학습내용 비교문② / 越来越 / 从……开始
더하기 운동
문화 중국의 기업① – 하이얼(海尔)

제03과 他听得懂听不懂韩语? Tā tīngdedǒng tīngbudǒng Hányǔ?

그는 한국어를 알아들을 수 있습니까?

45

학습내용 가능보어 / 존재문 / 又A又B
더하기 호텔

제04과 您是第一次来韩国吗? Nín shì dì yī cì lái Hánguó ma?

당신은 처음 한국에 오셨습니까?

59

학습내용 경험태 / 동량사 / 是……的 강조 구문 / 부사 又、再、还
더하기 취미
문화 중국의 기업② – 캉스푸(康师傅)

제05과 哪里哪里，还差得远呢。 Nǎli nǎli, hái chà de yuǎn ne.

아닙니다, 아직 멀었습니다.

75

학습내용 상태보어 / 정도보어 / 虽然……但是 / 对……感兴趣
더하기 식당

이 책의 활용법

단원 시작

주요 학습 내용과 주인공의 말풍선을 통해 이 과에서 배울 내용을 미리 알 수 있도록 하였습니다.

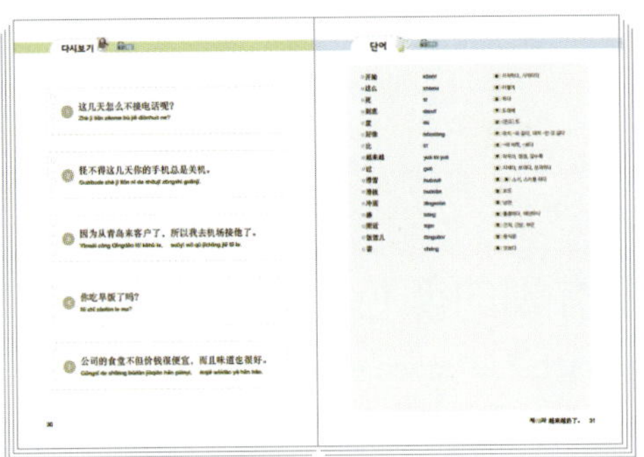

이 표시는 MP3 음성의 track 번호입니다.
(MP3 음성 중에서 일부 어휘는 실제 발음에서 경성화하기 때문에 표준 한어병음 성조 표기와 다소 다를 수 있습니다.)

다시보기

새로운 과를 배우기 전에 앞의 과에서 배운 내용 중 핵심 문장을 복습할 수 있도록 하였습니다.

단어

각 회화에 나오는 새로운 단어를 보기 좋게 정리했습니다.

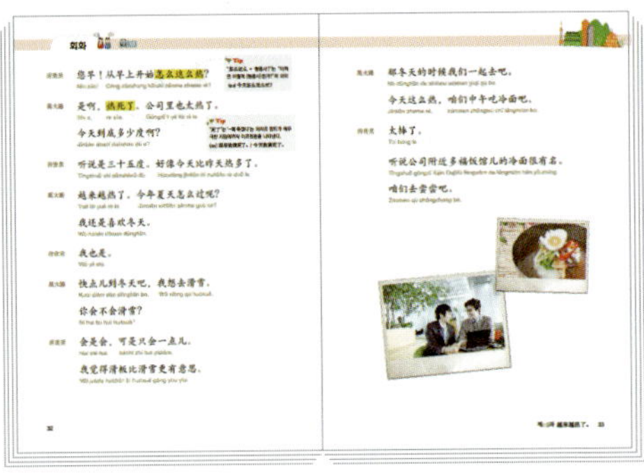

회화

간단하면서도 실생활에 활용 가능하도록 중국 출장 과정에서 접하게 될 상황들을 순서대로 구성하였습니다. 또한, 보충 설명이 필요한 부분은 Tip을 추가하였습니다.

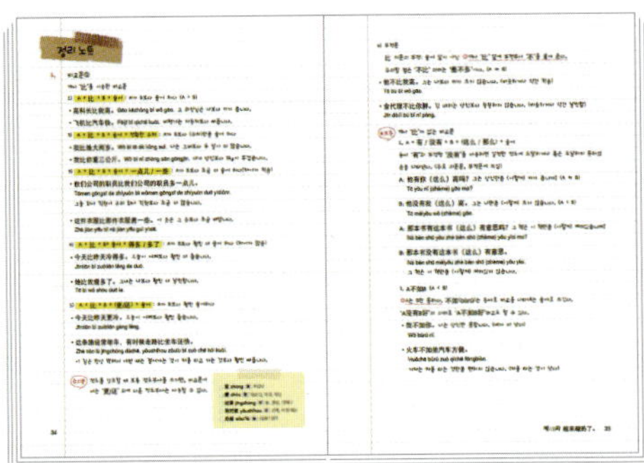

정리노트

본인이 직접 어법을 정리한 것 같은 느낌으로 어법을 간단명료하게 정리해서 쉽게 익힐 수 있도록 하였습니다.

짚어보기

각 과에서 보충설명이 필요한 두 개의 구문들을 간단하게 설명하고, 예문들을 통해 그 구문을 충분히 연습할 수 있도록 구성하였습니다.

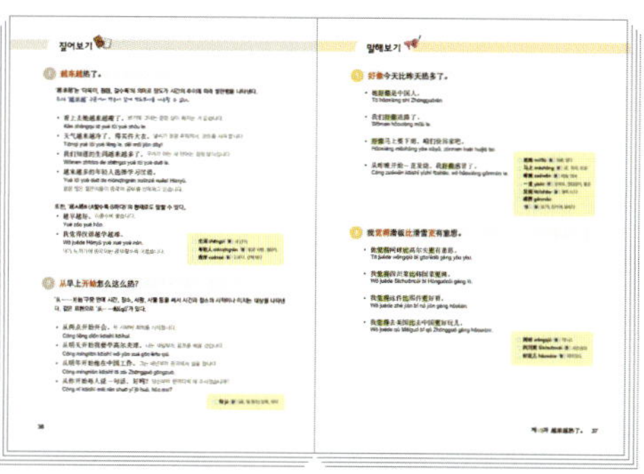

말해보기

문형연습을 하면서 중국어 어순에 맞게 문장을 정확하게 말할 수 있는 연습을 충분히 할 수 있도록 문장 확장 형태로 구성하였습니다.

연습문제

각 과에서 배운 내용들을 듣기, 말하기, 읽기, 쓰기로 나눠서 복습할 수 있도록 구성하였습니다.

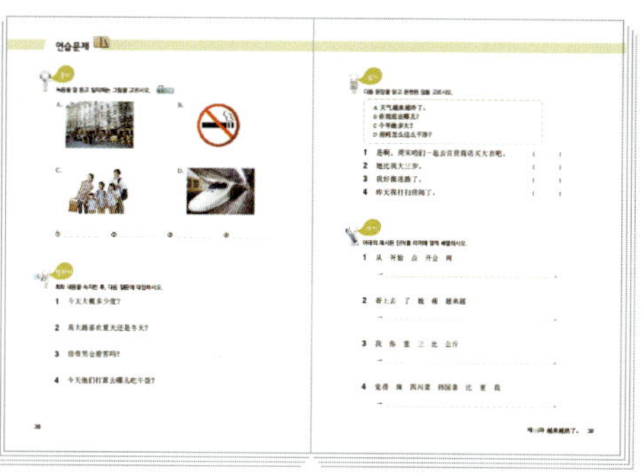

TSC 도전하기

중국어말하기시험 TSC에 자주 나오는 어휘와 문제유형으로 말하기 연습과 동시에 TSC 시험 대비까지 한번에 할 수 있도록 하였습니다.

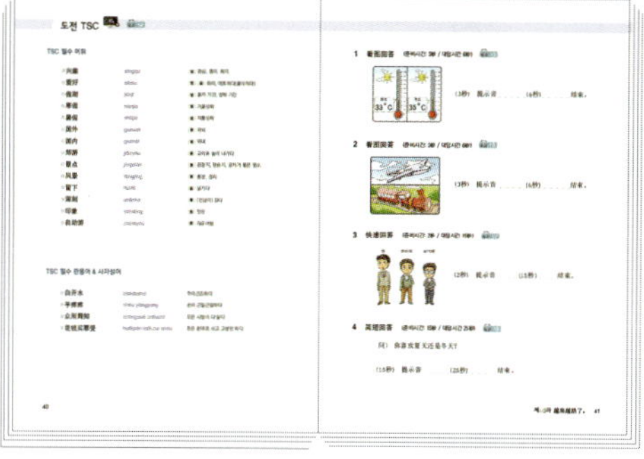

더하기

각 과와 관련된 추가 단어들을 익힐 수 있게 하여 더 풍부한 어휘력을 갖출 수 있도록 하였습니다.

읽을 거리

중국 문화를 사진과 함께 소개해서 중국을 이해하는 데 도움이 되도록 하였습니다.

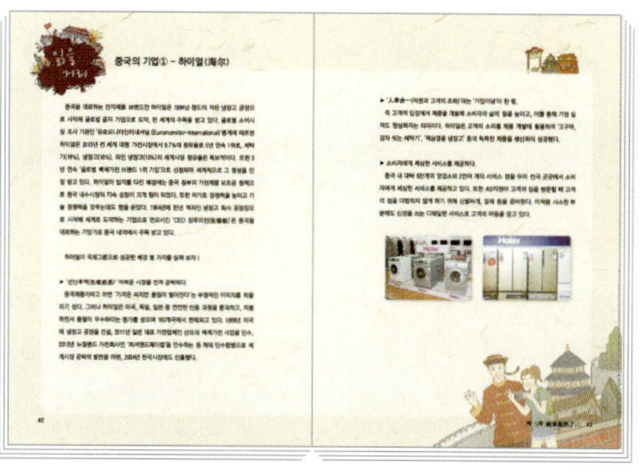

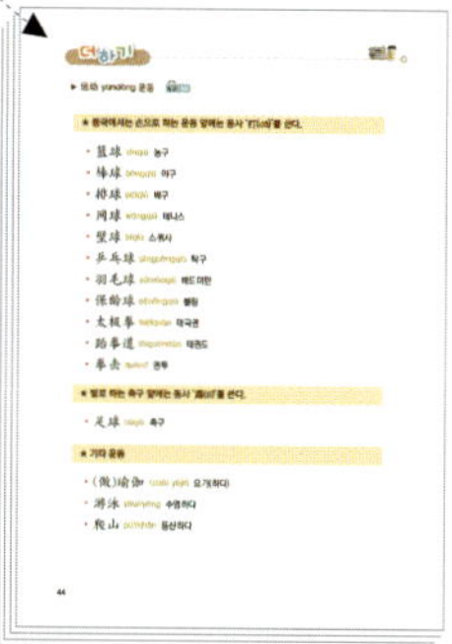

TSC 소개

1. TSC란?

TSC는 Test of Spoken Chinese의 약자다.
컴퓨터에 장착된 헤드셋을 이용하여 시험이 진행되며 응시자는 각자의 헤드셋을 통해 문제를 듣고 제한된 시간내에 헤드셋에 장착된 마이크를 통해 답변을 녹음하는 인터뷰 형식의 중국어 말하기 능력 시험이다.
TSC는 총 26문항의 문제가 출제되며, 응시자가 녹음한 답변을 발음, 어휘, 문법, 유창성 등으로 평가 항목을 구분하여 수준에 따라 1급부터 10급까지의 등급으로 표시하여 성적표를 제공한다.

2. 구성

* TSC는 모두 7개의 파트 / 총 26문항으로 구성된다.
* 평가시간은 50분(오리엔테이션: 20분, 시험: 30분)정도 소요된다.

구분		구성	문항 수	준비 시간(초)	대답 시간(초)
제1부분	自我介绍 (자기 소개)	간단한 자기소개	4	0	10
제2부분	看图回答 (그림보고 대답하기)	제시된 그림에 맞는 답변 완성	4	3	6
제3부분	快速回答 (신속하게 대답하기)	일상생활과 관련된 화제에 대해 대화 완성	5	2	15
제4부분	简短回答 (간단하게 대답하기)	일상적인 화제에 대해 간단히 설명	5	15	25
제5부분	拓展回答 (확장하여 대답하기)	자신의 견해를 논리적으로 확장 및 전개	4	30	50
제6부분	情景应对 (상황에 맞게 대응하기)	주어진 상황에 적절히 대응하여 답변	3	30	40
제7부분	看图说话 (그림보고 말하기)	연속된 그림 4개를 보고 스토리 만들어 답변	1	30	90

* 응시자의 부담을 최소화하기 위하여 시험의 전반부는 비교적 대답하기가 쉬운 난이도의 문제들이 출제되며 시험에 적응하고 어느 정도 자신감을 갖고 대답할 수 있는 후반부로 가면 점점 문제의 난이도가 높아지도록 설정되었다.

3. TSC 등급

LEVEL		내용
1급	初級 (초급)	인사와 이름, 나이 등 간단한 자기소개 가능 수준
2급		학습한 단어와 구를 활용하여 제한적이지만 기초 회화 구사 가능
3급	中級 (중급)	간단한 수준의 초급 회화 구사 가능
4급		초급 회화 구사 가능, 기초적인 사회활동에 필요한 대화가 가능하나 발음, 어휘, 문법 오류가 종종 있으며, 말하는 속도가 약간 느림
5급		초 · 중급 회화 구사 가능, 일상화제에 대하여 구체적으로 답변 가능 현지에서 기본적인 사회 생활하는데 큰 문제가 없는 수준 기본적인 문법과 어휘를 활용하여 쉬운 주제에 관한 설명이 가능하고, 구사력은 우수한 편이나 발음, 어휘, 문법 오류 잦음
6급		중급 회화 구사 가능, 일반적인 주제에 대해 자유롭게 표현 가능 고급 수준의 문법을 충분히 이해하고 있지 못해서 활용도가 떨어져 어휘, 문법 오류 잦음
7급		중 · 고급 회화 구사 가능, 익숙하지 않은 화제 또는 고급 수준의 화제에 대해서도 어느 정도 답변이 가능하지만 실수가 있고, 고급 부분에서 유창성이 떨어짐
8급	上級 (상급)	고급 회화 구사, 대부분 일상화제에 대하여 분명하고, 설득력을 갖추어 말할 수 있는 수준, 비교적 폭넓은 어휘와 고급 수준의 문법을 활용하여 자신의 의견 전달이 가능하지만 실수가 종종 있고 고급 부분에서 유창성이 떨어짐
9급		고급 회화 구사 가능, 전범위 유창하게 발화함
10급		최고급 회화 구사 가능, 전범위 최상의 중국어 실력

* 주요 기업에서 직원 채용 및 승진 평가 기준으로 TSC를 인정하고 있다.
  (일반적으로 LEVEL4부터 어학성적으로 인정)

　　　＊품사란? 한 단어가 갖고 있는 성질을 말하는 것

- **명사**　　　사람이나 사물의 명칭을 나타내는 말
- **대(명)사**　　명사를 대신하는 말
- **동사**　　　사람 또는 사물의 동작이나 상태를 나타내는 말
- **조동사**　　동사 앞에서 동사를 도와 능력, 가능성, 허가, 의무, 바람 등을 나타내는 말
- **형용사**　　사물이나 사람의 성질, 상태를 나타내는 말
- **수사**　　　수를 나타내는 말
- **양사**　　　명사의 수량이나 동작의 횟수를 셀 때 쓰는 말
- **부사**　　　시간, 장소, 빈도 등의 뜻으로 동사를 수식하거나 정도의 뜻으로 쓰여 형용사를 수식하는 말
- **개사(전치사)**　명사, 대(명)사 앞에 쓰여 시간, 장소, 대상 등을 나타내는 말

  [전치사 + 목적어(명사)]형태로 구(句)를 만들어 부사어, 관형어, 보어로 쓰임
- **접속사**　　단어와 단어, 구와 구, 절과 절을 연결하는 말

  (＊접속사는 연결을 해주는 것이므로 단독으로 문장 성분이 될 수 없다.)
- **조사**　　　단어를 연결하고 구를 구성하는 역할을 하는 말

  (＊일반적으로 단독 사용 불가하며, 구체적인 의미도 없다.)
- **감탄사**　　놀람, 대답, 감탄, 응답, 기쁨 등을 나타내는 말

  (＊보통 문장 앞에 위치하고, 단독으로 문장 성분이 될 수 없다.)
- **의성사**　　사물이나 사람, 자연에서 나는 소리를 표현하는 말

문장 성분

- **주어[主语]**　　　서술의 대상으로 동작을 하거나 동작을 받는 성분 (명사/대사)
- **술어[谓语]**　　　문장에서 주어가 '어떻다'라고 설명해주는 성분 (동사/형용사)
- **목적어[宾语]**　　동작의 대상을 나타내는 성분
- **한정어(관형어)[定语]**　주어나 목적어 앞에서 수식 또는 제한하는 성분
- **상황어(부사어)[状语]**　술어 혹은 문장 앞에서 동작 혹은 문장의 전체의 상황을 설명하는 성분
- **보어[补语]**　　　술어 뒤에서 술어를 보충, 설명하는 성분

품사 약호표

약호	한국어	중국어	발음
명	명사	名词	míngcí
고유	고유명사	专有名词	zhuānyǒu míngcí
대	대(명)사 인칭대(명)사 지시대(명)사 의문대(명)사	代词 人称代词 指示代词 疑问代词	dàicí rénchēng dàicí zhǐshì dàicí yíwèn dàicí
동	동사	动词	dòngcí
조동	조동사 (능원동사)	助动词 (能愿动词)	zhùdòngcí (néngyuàn dòngcí)
형	형용사	形容词	xíngróngcí
수	수사	数词	shùcí
양	양사 명량사 동량사	量词 名量词 动量词	liàngcí míngliàngcí dòngliàngcí
부	부사	副词	fùcí
개	개사(전치사)	介词	jiècí
접	접속사	连词	liáncí
조	조사 동태조사 구조조사 어기조사	助词 动态助词 结构助词 语气助词	zhùcí dòngtài zhùcí jiégòu zhùcí yǔqì zhùcí
감탄	감탄사	叹词	tàncí
의성	의성사	象声词	xiàngshēngcí

1. 중국 국명(国名)

중화인민공화국(中华人民共和国 Zhōnghuá Rénmín Gōnghéguó) / 약칭- 중국(中国)
중화인민공화국은 1949년 10월 1일 마오쩌둥(**毛泽东** Máo Zédōng)전 국가주석이 천안문광장에서
'중국인민은 일어섰다'라고 선포함으로써 공식적으로 탄생되었다. 중국 최대 명절 중 하나인 국경절
은 이날을 기념하기 위해 제정되었다.

2. 중국 국기(国旗)

오성홍기(五星红旗 wǔxīnghóngqí)
빨간색 바탕에 좌측 상단에 5개의 노란색 별이 그려져 있다. 1개의
큰 별이 우측에 있고, 4개의 작은별이 감싸고 있는 모양이다. 큰 별
은 중국공산당을 나타내고 4개의 작은별은 노동자, 농민, 도시소자
산계급, 민족자산계급을 의미한다. 중국공산당 지도하에 인민들의
대단결을 상징하고 있는 것이다. 빨간색 바탕은 혁명을 상징하며
별이 노란색인 이유는 황색인종과 황화문명을 상징한다.

3. 중국 휘장(国徽)

빨간 바탕과 노란별이 나타내는 상징적 의미는 중국의 휘장에서
도 보인다. 중국의 국가 휘장은 전체적으로 원형이고, 다섯개 별
아래 천안문이 도안의 중심을 이루며, 주위는 곡식의 이삭과 톱
니로 되어 있다. 여기서 천안문은 혁명전통과 새로운 민족정신
을 상징하고, 쌀과 보리 이삭은 농민을 의미하고, 아래의 톱니바
퀴는 공장 노동자를 의미한다. 중국의 국가 휘장은 주요 기관의
현관이나 동전 뒷면에서 쉽게 찾아볼 수 있다.

4. 중국 국가(国歌)

의용군행진곡(义勇军进行曲 Yìyǒngjūn Jìnxíngqǔ)
일본제국주의에 항전하던 시기에 만들어져 1949년 중국의 국가로 채택되었으며, 국가 수호와 민족의
존엄을 위한 중화민족의 굳센 의지와 불굴의 정신이 영원할 것을 담고 있다.

5. 중국 행정 구역

1. 4개의 직할시[直辖市 zhíxiáshì]

북경시(베이징) : 北京市(京) Běijīng Shì	천진시(톈진) : 天津市(津) Tiānjīn Shì
상해시(상하이) : 上海市(沪) Shànghǎi Shì (Hù)	중경시(충칭) : 重庆市(渝) Chóngqìng Shì (Yú)

2. 23개의 성[省 shěng]

하북성 : 河北省(冀) Héběi Shěng (Jì)	산서성 : 山西省(晋) Shānxī Shěng (Jìn)
요녕성 : 辽宁省(辽) Liáoníng Shěng	길림성 : 吉林省(吉) Jílín Shěng
흑룡강성 : 黑龙江省(黑) Hēilóngjiāng Shěng	강소성 : 江苏省(苏) Jiāngsū Shěng
절강성 : 浙江省(浙) Zhèjiāng Shěng	안휘성 : 安徽省(皖) Ānhuī Shěng (Wǎn)
복건성 : 福建省(闽) Fújiàn Shěng (Mǐn)	강서성 : 江西省(赣) Jiāngxī Shěng (Gàn)
산동성 : 山东省(鲁) Shāndōng Shěng (Lǔ)	하남성 : 河南省(豫) Hénán Shěng (Yù)
호북성 : 湖北省(鄂) Húběi Shěng (È)	호남성 : 湖南省(湘) Húnán Shěng (Xiāng)
광동성 : 广东省(粤) Guǎngdōng Shěng (Yuè)	해남성 : 海南省(琼) Hǎinán Shěng (Qióng)
사천성 : 四川省(川, 蜀) Sìchuān Shěng (Shǔ)	귀주성 : 贵州省(贵, 黔) Guìzhōu Shěng (Qián)
운남성 : 云南省(云, 滇) Yúnnán Shěng (Diān)	섬서성 : 陕西省(陕, 秦) Shǎnxī Shěng (Qín)
감숙성 : 甘肃省(甘, 陇) Gānsù Shěng (Lǒng)	청해성 : 青海省(青) Qīnghǎi Shěng
대만성 : 台湾省(台) Táiwān Shěng	

3. 5개의 자치구[自治区 zìzhìqū]

내몽고자치구	: 内蒙古自治区(内蒙古) Nèiměnggǔ Zìzhìqū
광서장족자치구	: 广西壮族自治区(桂) Guǎngxī Zhuàngzú Zìzhìqū (guì)
영하회족자치구	: 宁夏回族自治区(宁) Níngxià Huízú Zìzhìqū
신장 위구르자치구	: 新疆维吾尔自治区(新) Xīnjiāng Wéiwú'ěr Zìzhìqū
서장 자치구	: 西藏自治区(藏) Xīzàng Zìzhìqū

4. 2개의 특별행정구[特别行政区 tèbiéxíngzhèngqū]

홍콩	: 香港特别行政区(港) Xiānggǎng Tèbiéxíngzhèngqū
마카오	: 澳门特别行政区(澳) Àomén Tèbiéxíngzhèngqū

* 홍콩은 1997년 영국으로부터, 마카오는 1999년 포르투갈로부터 중국으로 반환되었다.
  이 두 특별행정구는 '일국양제 (一国两制)'의 정치제도로 통치된다.
* 괄호( )안 글자는 지명의 약자이다.

흑룡강성
영하회족자치구
섬서성
길림성
신장
위그르자치구
감숙성
내몽고자치구
요녕성
하북성
북경
천진
청해성
산서성
산동성
서장자치구
(티벳)
하남성
안휘성
강소성
상해
사천성
호북성
절강성
중칭
귀주성
호남성
강서성
복건성
운남성
광서장족
자치구
광동성
대만
홍콩
마카오
해남성

제**01**과

你一般在公司食堂吃早饭吗?

Nǐ yìbān zài gōngsī shítáng chī zǎofàn ma?

주요 학습 내용

완료형 / 因为……所以 / 不但……而且

房贵男 Fáng Guìnán 방귀남 : 주인공

동광회사 신입사원 / 29세 / 남 / 어리바리한 편

马总 Mǎ zǒng 마 사장 (중국인)

동광회사 거래처 사장 / 55세 / 남 / 대범하고 시원시원한 성격

韩万恩 Hán Wàn'ēn 한만은

동광회사 해외영업팀 부장 / 50세 / 남 / 깐깐하지만 정이 많은 편

高大路 Gāo Dàlù 고대로

동광회사 해외영업팀 과장 / 40세 / 남 / 만년과장

李雪莉 Lǐ Xuělì 이설리 (중국인)

동광회사 해외영업팀 과장 / 35세 / 여 / 능력이 좋고 성실함

凤九 Fèngjiǔ 봉구

방귀남의 친구 / 29세 / 남 / 소심쟁이

脸色	liǎnsè	명 안색, 얼굴색
天	tiān	명 날, 일, 하루
怪不得	guàibude	부 어쩐지
总是	zǒngshì	부 늘, 줄곧, 언제나
关机	guānjī	동 (핸드폰, 컴퓨터 등의) 전원을 끄다
因为	yīnwèi	접 왜냐하면
所以	suǒyǐ	접 그래서, 그러므로
青岛	Qīngdǎo	고유 칭다오, 청도(지명)
原来如此	yuánlái rúcǐ	알고 보니 그렇다, 과연 그렇다
急	jí	형 동 급하다, 초조해하다
已经	yǐjīng	부 이미, 벌써
解决	jiějué	동 해결하다, 풀다
还	hái	부 아직
不但	búdàn	접 ~뿐만 아니라
价钱	jiàqián	명 가격
而且	érqiě	접 게다가, 또한
每	měi	대 부 매, 각, 늘, 항상
不好意思	bù hǎoyìsi	죄송하다, 미안하다, 창피하다, 부끄럽다
羡慕	xiànmù	동 부러워하다

同事　早上好！最近挺忙吧？
Zǎoshang hǎo! Zuìjìn tǐng máng ba?

房贵男　对！最近太累了。你的脸色也不太好。
Duì! Zuìjìn tài lèi le. Nǐ de liǎnsè yě bú tài hǎo.

同事　这几天怎么不接电话呢？
Zhè jǐ tiān zěnme bù jiē diànhuà ne?

房贵男　上个星期我去北京出差了。
Shàng ge xīngqī wǒ qù Běijīng chūchāi le.

同事　怪不得这几天你的手机总是关机。
Guàibude zhè jǐ tiān nǐ de shǒujī zǒngshì guānjī.

那么，昨天呢？昨天你去哪儿了？
Nàme, zuótiān ne? Zuótiān nǐ qù nǎr le?

昨天我给你打电话的时候你不在办公室。
Zuótiān wǒ gěi nǐ dǎ diànhuà de shíhou nǐ bú zài bàngōngshì.

房贵男　因为从青岛来客户了，所以我去机场接他了。
Yīnwèi cóng Qīngdǎo lái kèhù le, suǒyǐ wǒ qù jīchǎng jiē tā le.

同事　啊！原来如此。
Ā! Yuánlái rúcǐ.

房贵男　怎么了？
Zěnme le?

同事　有件急事儿，不过已经解决了。
Yǒu jiàn jí shìr, búguò yǐjīng jiějué le.

你吃早饭了吗？
Nǐ chī zǎofàn le ma?

> **🌱 Tip**
>
> 客户(kèhù)：협력 업체, 거래처
> 비즈니스에서 많이 사용
>
> 客人(kèrén)：일반 가정집, 호텔,
> 식당 등을 방문하는 손님

房贵男	已经吃了，你呢？
	Yǐjīng chī le, nǐ ne?

同事	我还没吃，现在要去公司食堂吃。
	Wǒ hái méi chī, xiànzài yào qù gōngsī shítáng chī.

房贵男	你一般都在公司吃早饭吗？
	Nǐ yìbān dōu zài gōngsī chī zǎofàn ma?

🌱 **Tip**

平时 píngshí / 平常 píngcháng
'평소에'와 바꿔 말할 수 있다.

同事	是啊！公司的食堂不但价钱很便宜，
	Shì a! Gōngsī de shítáng búdàn jiàqián hěn piányi,
	而且味道也很好。
	érqiě wèidao yě hěn hǎo.

房贵男	我每天在家吃妈妈做的早饭。
	Wǒ měi tiān zài jiā chī māma zuò de zǎofàn.
	所以觉得不好意思。
	Suǒyǐ juéde bù hǎoyìsi.

同事	真羡慕你。
	Zhēn xiànmù nǐ.

정리 노트

1. 완료형   ← 동사 뒤에 붙어서 동작의 변화나 상태를 나타냄

동사 바로 뒤에 동태조사 '了(le)'를 붙여 주면 동작이나 행위가 완료, 완성, 실현됐음을 나타낸다.

긍정문	부정문	의문문
동사 + 了	没(有) + 동사	～了吗? / ～了没有?

★ 긍정문: ① **주어 + 동사 + 了 + (수량사 등) 관형어 + 목적어**

我	买	了	两件	衣服。	나는 옷 두 벌을 샀습니다.
Wǒ	mǎi	le	liǎng jiàn	yīfu.	

他	看	了	今天的	报。	그는 오늘의 신문을 봤습니다.
Tā	kàn	le	jīntiān de	bào.	

② **주어 + 동사 (+ 了) + 목적어 + 了**

我	买	衣服	了。	나는 옷을 샀습니다.
Wǒ	mǎi	yīfu	le.	

他	看	报	了。	그는 신문을 봤습니다.
Tā	kàn	bào	le.	

→ 1. 동사 + 了 + 수식있는 목적어
2. 동사 + (了) + 수식없는 목적어 + 了

(주의점) ① 관형어의 수식이 있을 경우: 문장 끝에 了를 쓰지 않는다.
② 수식이 없는 단순 목적어일 경우: 문장 끝에 了를 쓴다.

★ 부정문: **주어 + 没(有) + 동사 + 목적어**

我	没(有)	买	衣服。	나는 옷을 사지 않았습니다.
Wǒ	méi(yǒu)	mǎi	yīfu.	

他	没(有)	看	今天的报。	그는 오늘의 신문을 보지 않았습니다.
Tā	méi(yǒu)	kàn	jīntiān de bào.	

(주의점) 부정문에서는 동태조사 了를 쓰지 않는다.

★ 의문문: ① **주어 + 동사 (+ 목적어) + 了 + 吗?**

你	买	衣服	了	吗?	당신은 옷을 샀습니까?
Nǐ	mǎi	yīfu	le	ma?	

他	看	报	了	吗?	그는 신문을 봤습니까?
Tā	kàn	bào	le	ma?	

② 주어 + 동사 (+ 목적어) + 了 + 没有?

你　買　衣服　了　没有? 당신은 옷을 샀습니까?
Nǐ　mǎi　yīfu　le　méiyǒu?

他　看　报　了　没有? 그는 신문을 봤습니까?
Tā　kàn　bào　le　méiyǒu?

★참고 ① 동작의 변함이 없는 판단동사(是，在，有 등)와 습관적/항시적 의미를 나타내는 말 (每天，常常)에는 동태조사 了를 사용할 수 없다.

- 她是了中国人。Tā shì le Zhōngguórén.　(X)

- 他常常去了中国。Tā chángcháng qù le Zhōngguó.　(X)

② 연동문에서 동태조사 了는 마지막 동사 뒤에 위치한다.

- 我去百货商店买了几件衣服。나는 백화점에 가서 옷 몇 벌을 샀습니다.
　　동사₁　　　　동사₂
　Wǒ qù bǎihuòshāngdiàn mǎi le jǐ jiàn yīfu.

- 他们来我家看了中国电影。그들은 우리 집에 와서 중국 영화를 봤습니다.
　　동사₁　　동사₂
　Tāmen lái wǒ jiā kàn le Zhōngguó diànyǐng.

단, 미래에 일어날 일을 가정하거나 동작의 순서에 중점을 둬서 말할 때에는 다음과 같다.

주어 + 동사₁ + 了 + 목적어 + 就 + 동사₂　→ 동사₁을 하자마자 동사₂를 한다. (순차관계)

- 我到了韩国就去找你。나는 한국에 도착하자마자 당신을 찾아가겠습니다.
　　동사₁　　　　동사₂
　Wǒ dào le Hánguó jiù qù zhǎo nǐ.

- 我吃了早饭就上班。　나는 아침밥을 먹자마자 출근을 합니다.
　　동사₁　　　　동사₂
　Wǒ chī le zǎofàn jiù shàngbān.

③ 已经 ～了。이미(벌써) ～했다.

- 我已经吃饭了。나는 이미 밥을 먹었습니다.
　Wǒ yǐjīng chī fàn le.

- 她已经结婚了。그녀는 이미 결혼했습니다.
　Tā yǐjīng jiéhūn le.

만약에 어떤 동작이 반드시 발생할 것이지만 아직 일어나지 않은 경우에는 '还没(有) ～呢。' 형식으로 쓸 수 있다.

④ 还没(有) ～呢。아직 ～하지 않았다.

- 我还没下班呢。나는 아직 퇴근하지 않았습니다.
　Wǒ hái méi xiàbān ne.

- 他们还没到呢。그들은 아직 도착하지 않았습니다.
　Tāmen hái méi dào ne.

1. 因为从青岛来客户了，所以我去机场接他了。

因为A所以B: (왜냐하면) A이기 때문에 B한다. (인과관계)
'因为'로 시작하는 절은 원인을 나타내고, '所以'로 시작하는 절은 결과를 나타낸다.

- 因为他很老实，所以我们都喜欢他。
  Yīnwèi tā hěn lǎoshí, suǒyǐ wǒmen dōu xǐhuan tā.
  그는 매우 성실하기 때문에 우리 모두 그를 좋아합니다.
- 因为昨天我们部门聚餐了，所以今天我有点儿累。
  Yīnwèi zuótiān wǒmen bùmén jùcān le, suǒyǐ jīntiān wǒ yǒudiǎnr lèi.
  어제 우리팀 회식을 해서 오늘 저는 조금 피곤합니다.
- 因为金科长升职了，所以她请我们吃饭了。
  Yīnwèi Jīn kēzhǎng shēngzhí le, suǒyǐ tā qǐng wǒmen chī fàn le.
  김 과장님이 승진해서 우리에게 밥을 사 주셨습니다.
- 他因为有急事儿，所以先走了。
  Tā yīnwèi yǒu jí shìr, suǒyǐ xiān zǒu le.
  그는 급한 일이 있어서 먼저 갔습니다.

☐ 老实 lǎoshí [형] 성실하다, 정직하다
☐ 聚餐 jù//cān [동] 회식하다
☐ 升职 shēng//zhí [동] 승진하다

2. 公司的食堂不但价钱很便宜，而且味道(也)很好。

不但A，而且B: 'A뿐 아니라, 게다가 B하다'라는 뜻이다. (점층관계)
상황이 한 단계 더 나아감이나 의미가 한층 더 분명함을 나타내며, 뒷절이 좀 더 강조된다.
'不但' 대신 '不仅(bùjǐn)'으로 바꿔 말할 수 있다.
앞뒤 구절의 주어가 동일하면 '不但'과 '而且'가 주어 뒤로 가고, 동일하지 않으면 주어 앞에 온다.

- 他不但会说汉语，而且还会说西班牙语。
  Tā búdàn huì shuō Hànyǔ, érqiě hái huì shuō Xībānyáyǔ.
  그는 중국어를 할 수 있을 뿐 아니라, 스페인어도 할 수 있습니다.
- 他不但很帅，而且也很能干。
  Tā búdàn hěn shuài, érqiě yě hěn nénggàn.
  그는 잘생겼을 뿐만 아니라, 능력도 있습니다.
- 这个牌子的手机不但样子很好看，而且价钱很便宜。
  Zhè ge páizi de shǒujī búdàn yàngzi hěn hǎokàn, érqiě jiàqián hěn piányi.
  이 브랜드의 핸드폰은 디자인이 매우 예쁠 뿐 아니라, 게다가 가격까지 쌉니다.

☐ 帅 shuài [형] 잘생기다, 멋지다
☐ 能干 nénggàn [형] 유능하다
☐ 牌子 páizi [명] 상표, 브랜드
☐ 样子 yàngzi [명] 모양, 디자인

1 你一般都在公司吃早饭吗？

- 我一般十一点睡觉。
  Wǒ yìbān shíyī diǎn shuìjiào.

- 周末的时候我一般在家休息。
  Zhōumò de shíhou wǒ yìbān zài jiā xiūxi.

- 她一般在网上买书。
  Tā yìbān zài wǎngshang mǎi shū.

- 下班以后，你一般做什么？
  Xiàbān yǐhòu, nǐ yìbān zuò shénme?

> □ 网上 wǎngshang 명 인터넷, 온라인
> □ 以后 yǐhòu 명 이후

2 怪不得这几天你的手机总是关机。

- 办公室的空调坏了，怪不得我觉得有点儿热。
  Bàngōngshì de kōngtiáo huài le, guàibude wǒ juéde yǒudiǎnr rè.

- 你交男朋友了？怪不得你更漂亮了。
  Nǐ jiāo nánpéngyou le? Guàibude nǐ gèng piàoliang le.

- 怪不得这几天他没来上班呢，原来他住院了。
  Guàibude zhè jǐ tiān tā méi lái shàngbān ne, yuánlái tā zhùyuàn le.

- 怪不得他们那么熟悉呢，原来是同班同学。
  Guàibude tāmen nàme shúxi ne, yuánlái shì tóngbān tóngxué.

> □ 空调 kōngtiáo 명 에어컨
> □ 坏 huài 형 동 고장 나다, 망치다, 상하다,
>   나쁘다, 불량하다, 부도덕하다
> □ 交 jiāo 동 사귀다
> □ 原来 yuánlái 부 형 알고 보니, 원래,
>   고유의, 본래의
> □ 住院 zhù//yuàn 동 입원하다
> □ 同班同学 tóngbān tóngxué
>   명 동급생, 같은 반 친구

 연습문제

 듣기

녹음을 잘 듣고 일치하는 그림을 고르시오.  03

A.

B.

C.

D.

① 　　　② ________　　　③ 　　　④ ________

말하기

회화 내용을 숙지한 후, 다음 질문에 대답하시오.

1　房贵男这几天为什么不接电话呢?

2　房贵男昨天去哪儿了?

3　房贵男今天吃早饭了没有?

4　房贵男每天在哪儿吃早饭?

다음 문장을 읽고 관련된 답을 고르시오.

> A 一杯牛奶和一个鸡蛋。
> B 他出差了。
> C 没买。
> D 怪不得你今天看上去脸色不好。

1 你买衣服了没有?　　　　　　　　　　(　　　)

2 今天早上吃了什么?　　　　　　　　　　(　　　)

3 小金在吗?　　　　　　　　　　　　　　(　　　)

4 因为昨天我们部门聚餐了，所以今天我有点儿累。(　　　)

아래의 제시된 단어를 의미에 맞게 배열하시오.

1 我　了　两　衣服　买　件

→ ____。

2 他们　了　看　来　我家　中国　电影

→ ____。

3 他　急　有　事儿　因为　所以　走　先　了

→ ____。

4 不但　手机　样子　牌子　这个　的　很好看　价钱也　而且　很便宜

→ ____。

TSC 필수 어휘

□ 开	kāi	동 열다, (기계 등을) 켜다, 운전하다
□ 关	guān	동 닫다, (기계 등을) 끄다
□ 穿	chuān	동 (옷을) 입다, (신발 등을) 신다
□ 脱	tuō	동 (옷, 신발 등을) 벗다
□ 打	dǎ	동 때리다, (전화를) 걸다, (손으로 하는 운동을) 하다
□ 接	jiē	동 (전화를) 받다, 마중하다
□ 送	sòng	동 보내다, 배웅하다
□ 忘	wàng	동 잊다
□ 丢	diū	동 잃다
□ 推	tuī	동 밀다
□ 拉	lā	동 당기다

TSC 필수 관용어 & 사자성어

□ 开夜车	kāi yèchē	(일, 공부 등으로) 밤을 새다
□ 有门儿	yǒu ménr	방법이 있다
□ 家常(便)饭	jiācháng(biàn)fàn	지극히 평범한 일, 흔히 있는 일, 다반사
□ 笨鸟先飞	bènniǎo xiānfēi	둔한 새가 먼저 난다 (능력이 모자란 사람이 남보다 뒤질까 봐 먼저 행동하는 것을 말한다)

1 看图回答　(준비시간: 3秒 / 대답시간 6秒)　🎧 05

（3秒）　提示音＿＿＿＿＿＿（6秒）＿＿＿＿＿＿结束。

2 看图回答　(준비시간: 3秒 / 대답시간 6秒)　🎧 06

（3秒）　提示音＿＿＿＿＿＿（6秒）＿＿＿＿＿＿结束。

3 快速回答　(준비시간: 2秒 / 대답시간 15秒)　🎧 07

（2秒）　提示音＿＿＿＿＿（15秒）＿＿＿＿＿结束。

4 简短回答　(준비시간: 15秒 / 대답시간 25秒)　🎧 08

问）　你结婚了没有?

（15秒）　提示音＿＿＿＿＿（25秒）＿＿＿＿＿结束。

▶ **职业 zhíyè** 직업 🎧 09

- **军人** jūnrén 군인
- **警察** jǐngchá 경찰
- **律师** lǜshī 변호사
- **消防队员** xiāofáng duìyuán 소방관
- **厨师** chúshī 요리사
- **美发师** měifàshī 미용사
- **医生** yīshēng / **大夫** dàifu 의사
- **护士** hùshi 간호사
- **会计师** kuàijìshī 회계사
- **画家** huàjiā 화가
- **记者** jìzhě 기자
- **设计师** shèjìshī 디자이너
- **播音员** bōyīnyuán 아나운서
- **歌手** gēshǒu 가수
- **演员** yǎnyuán 배우
- **模特儿** mótèr 모델
- **工程师** gōngchéngshī 엔지니어

越来越热了。
Yuè lái yuè rè le.

주요 학습 내용

비교문② / 越来越 / 从……开始

1 这几天怎么不接电话呢？
Zhè jǐ tiān zěnme bù jiē diànhuà ne?

2 怪不得这几天你的手机总是关机。
Guàibude zhè jǐ tiān nǐ de shǒujī zǒngshì guānjī.

3 因为从青岛来客户了，所以我去机场接他了。
Yīnwèi cóng Qīngdǎo lái kèhù le, suǒyǐ wǒ qù jīchǎng jiē tā le.

4 你吃早饭了吗？
Nǐ chī zǎofàn le ma?

5 公司的食堂不但价钱很便宜，而且味道也很好。
Gōngsī de shítáng búdàn jiàqián hěn piányi, érqiě wèidào yě hěn hǎo.

开始	kāishǐ	동	시작하다, 시작되다
这么	zhème	대	이렇게
死	sǐ	동	죽다
到底	dàodǐ	부	도대체
度	dù	양	(온도) 도
好像	hǎoxiàng	부	마치 ~와 같다, 마치 ~인 것 같다
比	bǐ	개	~에 비해, ~보다
越来越	yuè lái yuè	부	더욱더, 점점, 갈수록
过	guò	동	지내다, 보내다, 경과하다
滑雪	huáxuě	명 동	스키, 스키를 타다
滑板	huábǎn	명	보드
冷面	lěngmiàn	명	냉면
棒	bàng	형	훌륭하다, 대단하다
附近	fùjìn	명	근처, 근방, 부근
饭馆儿	fànguǎnr	명	음식점
尝	cháng	동	맛보다

房贵男　您早！从早上开始怎么这么热？
Nín zǎo!　Cóng zǎoshang kāishǐ zěnme zhème rè?

> **Tip**
> "怎么这么 + 형용사?"는 "어쩌면 이렇게 (형용사)한가?"의 의미
> (ex) 今天怎么这么忙?

高大路　是啊，热死了。公司里也太热了。
Shì a,　rè sǐle.　Gōngsī li yě tài rè le.

> **Tip**
> "死了"는 '~해 죽겠다'는 의미로 정도가 매우 극한 지점에까지 이르렀음을 나타낸다.
> (ex) 现在我饿死了。/ 今天我累死了。

今天到底多少度啊？
Jīntiān dàodǐ duōshao dù a?

房贵男　听说是三十五度。好像今天比昨天热多了。
Tīngshuō shì sānshíwǔ dù.　Hǎoxiàng jīntiān bǐ zuótiān rè duō le.

高大路　越来越热了。今年夏天怎么过呢？
Yuè lái yuè rè le.　Jīnnián xiàtiān zěnme guò ne?

我还是喜欢冬天。
Wǒ háishi xǐhuan dōngtiān.

房贵男　我也是。
Wǒ yě shì.

高大路　快点儿到冬天吧，我想去滑雪。
Kuài diǎnr dào dōngtiān ba,　Wǒ xiǎng qù huáxuě.

你会不会滑雪？
Nǐ huì bu huì huáxuě?

房贵男　会是会，可是只会一点儿。
Huì shì huì,　kěshì zhǐ huì yìdiǎnr.

我觉得滑板比滑雪更有意思。
Wǒ juéde huábǎn bǐ huáxuě gèng yǒu yìsi.

高大路　那冬天的时候我们一起去吧。
Nà dōngtiān de shíhou wǒmen yìqǐ qù ba.

今天这么热，咱们中午吃冷面吧。
Jīntiān zhème rè,　zánmen zhōngwǔ chī lěngmiàn ba.

房贵男　太棒了。
Tài bàng le.

听说公司附近多福饭馆儿的冷面很有名。
Tīngshuō gōngsī fùjìn Duōfú fànguǎnr de lěngmiàn hěn yǒumíng.

咱们去尝尝吧。
Zánmen qù chángchang ba.

1. 비교문②

개사 '比'를 이용한 비교문

1) A + 比 + B + 술어 : A가 B보다 술어 하다 (A > B)

• 高科长比我高。 Gāo kēzhǎng bǐ wǒ gāo. 고 과장님은 나보다 키가 큽니다.

• 飞机比汽车快。 Fēijī bǐ qìchē kuài. 비행기는 자동차보다 빠릅니다.

2) A + 比 + B + 술어 + 정확한 수치 : A가 B보다 (수치)만큼 술어 하다

• 我比她大两岁。 Wǒ bǐ tā dà liǎng suì. 나는 그녀보다 두 살이 더 많습니다.

• 我比你重三公斤。 Wǒ bǐ nǐ zhòng sān gōngjīn. 내가 당신보다 3kg이 무겁습니다.

3) A + 比 + B + 술어 + 一点儿 / 一些 : A가 B보다 조금 더 술어 하다(차이가 적음)

• 他们公司的职员比我们公司的职员多一点儿。
Tāmen gōngsī de zhíyuán bǐ wǒmen gōngsī de zhíyuán duō yìdiǎnr.
그들 회사 직원이 우리 회사 직원보다 조금 더 많습니다.

• 这件衣服比那件衣服贵一些。 이 옷은 그 옷보다 조금 비쌉니다.
Zhè jiàn yīfu bǐ nà jiàn yīfu guì yìxiē.

4) A + 比 + B+ 술어 + 得多 / 多了 : A가 B보다 훨씬 더 술어 하다 (차이가 많음)

• 今天比昨天冷得多。 오늘이 어제보다 훨씬 더 춥습니다.
Jīntiān bǐ zuótiān lěng de duō.

• 她比我瘦多了。 그녀는 나보다 훨씬 더 날씬합니다.
Tā bǐ wǒ shòu duō le.

5) A + 比 + B + (更/还) + 술어 : A가 B보다 훨씬 술어하다

• 今天比昨天更冷。 오늘이 어제보다 훨씬 춥습니다.
Jīntiān bǐ zuótiān gèng lěng.

• 这条路经常堵车，有时候走路比坐车还快。
Zhè tiáo lù jīngcháng dǔchē, yǒushíhou zǒulù bǐ zuò chē hái kuài.
이 길은 항상 막혀서 어떤 때는 걸어가는 것이 차를 타고 가는 것보다 훨씬 빠릅니다.

> (주의!) 정도를 강조할 때 보통 정도부사를 쓰지만, 비교문에 서는 '更/还' 외에 다른 정도부사는 사용할 수 없다.

□ 重 zhòng (형) 무겁다
□ 瘦 shòu (형) 마르다, 끼다, 작다
□ 经常 jīngcháng (부) 늘, 항상, 언제나
□ 有时候 yǒushíhou (부) 간혹, 어떤 때는
□ 走路 zǒu//lù (동) (길을) 걷다

6) 부정문

比 자문의 부정: 술어 앞이 아닌 ☆개사 '比' 앞에 부정부사 '不'를 붙여 준다.

　주의할 점은 '不比' 의미는 '差不多'이다. (A ≒ B)

• 他不比我高。 그는 나보다 키가 크지 않습니다. (비슷하거나 약간 작음)
　Tā bù bǐ wǒ gāo.

• 金代理不比你胖。 김 대리는 당신보다 뚱뚱하지 않습니다. (비슷하거나 약간 날씬함)
　Jīn dàilǐ bù bǐ nǐ pàng.

 개사 '比'가 없는 비교문

　1. A + 有 / 没有 + B + (这么 / 那么) + 술어

　동사 '有'와 부정형 '没有'를 사용하면 일정한 정도에 도달하거나 혹은 도달하지 못하였

　음을 나타낸다. (주로 의문문, 부정문에 쓰임)

　A: 他有你 (这么) 高吗? 그는 당신만큼 (이렇게) 키가 큽니까? (A ≒ B)
　　Tā yǒu nǐ (zhème) gāo ma?

　B: 他没有我 (这么) 高。 그는 나만큼 (이렇게) 크지 않습니다. (A < B)
　　Tā méiyǒu wǒ (zhème) gāo.

　A: 那本书有这本书 (这么) 有意思吗? 그 책은 이 책만큼 (이렇게) 재미있습니까?
　　Nà běn shū yǒu zhè běn shū (zhème) yǒu yìsi ma?

　B: 那本书没有这本书 (这么) 有意思。
　　Nà běn shū méiyǒu zhè běn shū (zhème) yǒu yìsi.
　　그 책은 이 책만큼 (이렇게) 재미있지 않습니다.

　2. A不如B (A < B)

　☆A는 B만 못하다. 不如(bùrú)는 동사로 비교를 나타내는 술어로 쓰인다.

　'A没有B好'의 의미로 'A不如B好'라고도 할 수 있다.

　• 我不如你。 나는 당신만 못합니다. (네가 더 낫다)
　　Wǒ bùrú nǐ.

　• 火车不如坐汽车方便。
　　Huǒchē bùrú zuò qìchē fāngbiàn.
　　기차는 차를 타는 것만큼 편하지 않습니다. (차를 타는 것이 낫다)

짚어보기

---

1 **越来越**热了。

'越来越'는 '더욱더, 점점, 갈수록'의 의미로 정도가 시간의 추이에 따라 발전함을 나타낸다.
주의! '越来越' 구문에서 형용사 앞에 정도부사를 사용할 수 없다.

- 看上去她越来越瘦了。 보기에 그녀는 점점 살이 빠지는 거 같습니다.
  Kàn shàngqu tā yuè lái yuè shòu le.
- 天气越来越冷了，得买件大衣。 날씨가 점점 추워져서. 코트를 사야 합니다.
  Tiānqì yuè lái yuè lěng le, děi mǎi jiàn dàyī.
- 我们知道的生词越来越多了。 우리가 아는 새 단어는 점점 많아집니다.
  Wǒmen zhīdao de shēngcí yuè lái yuè duō le.
- 越来越多的年轻人选择学习汉语。
  Yuè lái yuè duō de niánqīngrén xuǎnzé xuéxí Hànyǔ.
  점점 많은 젊은이들이 중국어 공부를 선택하고 있습니다.

또한, '越A越B (A할수록 B하다)'의 형태로도 말할 수 있다.
- 越早越好。 이를수록 좋습니다.
  Yuè zǎo yuè hǎo.
- 我觉得汉语越学越难。
  Wǒ juéde Hànyǔ yuè xué yuè nán.
  내가 느끼기에 중국어는 공부할수록 어렵습니다.

□ 生词 shēngcí [명] 새 단어
□ 年轻人 niánqīngrén [명] 젊은 사람, 젊은이
□ 选择 xuǎnzé [동] 고르다, 선택하다

---

2 **从**早上**开始**怎么这么热?

'从……开始' 구문 안에 시간, 장소, 사람, 사물 등을 써서 시간과 장소의 시작이나 미치는 대상을 나타낸다. 같은 표현으로 '从……起(qǐ)'가 있다.

- 从两点开始开会。 두 시부터 회의를 시작합니다.
  Cóng liǎng diǎn kāishǐ kāihuì.
- 从明天开始我要学高尔夫球。 나는 내일부터 골프를 배울 것입니다.
  Cóng míngtiān kāishǐ wǒ yào xué gāo'ěrfu qiú.
- 从明年开始他在中国工作。 그는 내년부터 중국에서 일을 합니다.
  Cóng míngnián kāishǐ tā zài Zhōngguó gōngzuò.
- 从你开始每人说一句话，好吗? 당신부터 한마디씩 해 주시겠습니까?
  Cóng nǐ kāishǐ měi rén shuō yí jù huà, hǎo ma?

□ 句 jù [양] (글, 말 등의) 단락, 마디

1 好像今天比昨天热多了。

- 她好像是中国人。
  Tā hǎoxiàng shì Zhōngguórén.

- 我们好像迷路了。
  Wǒmen hǎoxiàng mílù le.

- 好像马上要下雨，咱们快回家吧。
  Hǎoxiàng mǎshàng yào xiàyǔ, zánmen kuài huíjiā ba.

- 从昨晚开始一直发烧，我好像感冒了。
  Cóng zuówǎn kāishǐ yìzhí fāshāo, wǒ hǎoxiàng gǎnmào le.

□ 迷路 mí//lù 동 길을 잃다
□ 马上 mǎshàng 부 곧, 즉시, 바로
□ 昨晚 zuówǎn 명 어제 저녁
□ 一直 yìzhí 부 곧바로, 끊임없이, 줄곧
□ 发烧 fā//shāo 동 열이 나다
□ 感冒 gǎnmào
　　명 동 감기, 감기에 걸리다

2 我觉得滑板比滑雪更有意思。

- 他觉得网球比高尔夫更有意思。
  Tā juéde wǎngqiú bǐ gāo'ěrfū gèng yǒu yìsi.

- 我觉得四川菜比韩国菜更辣。
  Wǒ juéde Sìchuāncài bǐ Hánguócài gèng là.

- 我觉得这件比那件更好看。
  Wǒ juéde zhè jiàn bǐ nà jiàn gèng hǎokàn.

- 我觉得去美国比去中国更好玩儿。
  Wǒ juéde qù Měiguó bǐ qù Zhōngguó gèng hǎowánr.

□ 网球 wǎngqiú 명 테니스
□ 四川菜 Sìchuāncài 명 사천요리
□ 好玩儿 hǎowánr 형 재미있다

듣기

녹음을 잘 듣고 일치하는 그림을 고르시오. 13

A.

B.

C.

D.

① ＿＿＿＿＿＿　② ＿＿＿＿＿＿　③ ＿＿＿＿＿＿　④ ＿＿＿＿＿＿

말하기

회화 내용을 숙지한 후, 다음 질문에 대답하시오.

1 今天大概多少度？

2 高大路喜欢夏天还是冬天？

3 房贵男会滑雪吗？

4 今天他们打算去哪儿吃午饭？

다음 문장을 읽고 관련된 답을 고르시오.

> A 天气越来越冷了。
> B 你到底在哪儿?
> C 今年她多大?
> D 房间怎么这么干净?

1 是啊，周末咱们一起去百货商店买大衣吧。 （　　　）

2 她比我大三岁。 （　　　）

3 我好像迷路了。 （　　　）

4 昨天我打扫房间了。 （　　　）

아래의 제시된 단어를 의미에 맞게 배열하시오.

1 从　开始　点　开会　两

→ ____。

2 看上去　了　她　瘦　越来越

→ ____。

3 我　你　重　三　比　公斤

→ ____。

4 觉得　辣　四川菜　韩国菜　比　更　我

→ ____。

TSC 필수 어휘

□ 兴趣	xìngqù	명	관심, 흥미, 취미
□ 爱好	àihào	명 동	취미, 애호하다(좋아하다)
□ 假期	jiàqī	명	휴가 기간, 방학 기간
□ 寒假	hánjià	명	겨울방학
□ 暑假	shǔjià	명	여름방학
□ 国外	guówài	명	국외
□ 国内	guónèi	명	국내
□ 郊游	jiāoyóu	동	교외로 놀러 나가다
□ 景点	jǐngdiǎn	명	관광지, 명승지, 경치가 좋은 명소
□ 风景	fēngjǐng	명	풍경, 경치
□ 留下	liúxià	동	남기다
□ 深刻	shēnkè	형	(인상이) 깊다
□ 印象	yìnxiàng	명	인상
□ 自助游	zìzhùyóu	명	자유여행

TSC 필수 관용어 & 사자성어

□ 白开水	báikāishuǐ	무미건조하다
□ 手痒痒	shǒu yǎngyang	손이 근질근질하다
□ 众所周知	zhòngsuǒ zhōuzhī	모든 사람이 다 알다
□ 花钱买罪受	huāqián mǎi zuì shòu	돈은 돈대로 쓰고 고생만 하다

1 看图回答　(준비시간: 3秒 / 대답시간 6秒) 🎧 15

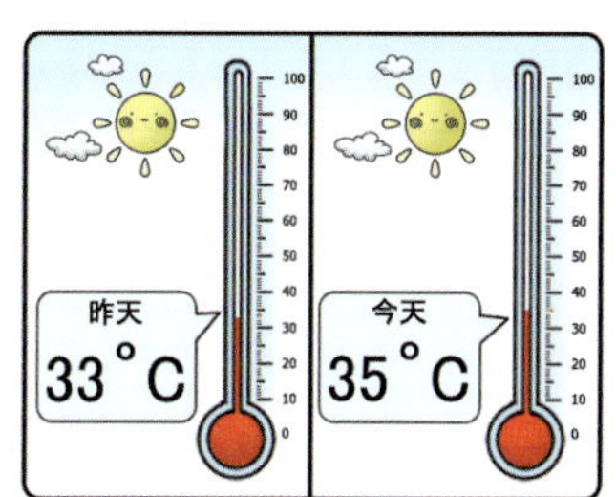

（3秒）　提示音＿＿＿＿＿＿（6秒）＿＿＿＿＿＿结束。

2 看图回答　(준비시간: 3秒 / 대답시간 6秒) 🎧 16

（3秒）　提示音＿＿＿＿＿＿（6秒）＿＿＿＿＿＿结束。

3 快速回答　(준비시간: 2秒 / 대답시간 15秒) 🎧 17

（2秒）　提示音＿＿＿＿＿（15秒）＿＿＿＿＿结束。

4 简短回答　(준비시간: 15秒 / 대답시간 25秒) 🎧 18

问）　你喜欢夏天还是冬天?

（15秒）　提示音＿＿＿＿＿＿（25秒）＿＿＿＿＿＿结束。

중국의 기업① – 하이얼(海尔)

　중국을 대표하는 전자제품 브랜드인 하이얼은 1984년 청도의 작은 냉장고 공장으로 시작해 글로벌 굴지 기업으로 도약, 전 세계의 주목을 받고 있다. 글로벌 소비시장 조사 기관인 '유로모니터인터내셔널(Euromomitor-International)'통계에 따르면 하이얼은 2013년 전 세계 대형 가전시장에서 9.7%의 점유율로 5년 연속 1위로, 세탁기(19%), 냉장고(16%), 와인 냉장고(15%)의 세계시장 점유율은 독보적이다. 또한 3년 연속 '글로벌 백색가전 브랜드 1위 기업'으로 선정되며 세계적으로 그 명성을 인정 받고 있다. 하이얼이 입지를 다진 배경에는 중국 정부의 가전제품 보조금 정책으로 중국 내수시장의 지속 성장이 크게 힘이 되었다. 또한 저가로 경쟁력을 높이고 기술 경쟁력을 갖추는데도 힘을 쏟았다. 1984년에 만년 적자인 냉장고 회사 공장장으로 시작해 세계로 도약하는 기업으로 면모시킨 'CEO 장루이민(张瑞敏)'은 중국을 대표하는 기업가로 중국 내외에서 주목 받고 있다.

　하이얼이 국제그룹으로 성공한 배경 몇 가지를 살펴 보자！

▶ '선난후역(先难后易)' 어려운 시장을 먼저 공략하다.
　중국제품이라고 하면 '가격은 싸지만 품질이 떨어진다'는 부정적인 이미지를 떠올리기 쉽다. 그러나 하이얼은 미국, 독일, 일본 등 깐깐한 인증 과정을 통과하고, 저렴하면서 품질이 우수하다는 평가를 받으며 160개국에서 판매되고 있다. 1999년 미국에 냉장고 공장을 건설, 2011년 일본 대표 가전업체인 산요의 백색가전 사업을 인수, 2012년 뉴질랜드 가전회사인 '피셔앤드페이컬'을 인수하는 등 해외 인수합병으로 세계시장 공략의 발판을 마련, 2004년 한국시장에도 진출했다.

▶ '人单合一(직원과 고객의 조화)'라는 '기업이념'이 한 몫.

즉 고객의 입장에서 제품을 개발해 소비자의 삶의 질을 높이고, 이를 통해 기업 실적도 향상하자는 의미이다. 하이얼은 고객의 소리를 제품 개발에 활용하여 '고구마, 감자 씻는 세탁기', '책상겸용 냉장고' 등의 독특한 제품을 생산하여 성공했다.

▶ 소비자에게 세심한 서비스를 제공하다.

중국 내 대략 6만개의 영업소와 2만여 개의 서비스 점을 두어 전국 곳곳에서 소비자에게 세심한 서비스를 제공하고 있다. 또한 AS직원이 고객의 집을 방문할 때 고객의 집을 더럽히지 않게 하기 위해 신발싸개, 걸레 등을 준비한다. 이처럼 사소한 부분에도 신경을 쓰는 디테일한 서비스로 고객의 마음을 얻고 있다.

▶ 运动 yùndòng 운동 🎧 19

★ 중국에서는 손으로 하는 운동 앞에는 동사 '打(dǎ)'를 쓴다.

- 篮球 lánqiú 농구
- 棒球 bàngqiú 야구
- 排球 páiqiú 배구
- 网球 wǎngqiú 테니스
- 壁球 bìqiú 스쿼시
- 乒乓球 pīngpāngqiú 탁구
- 羽毛球 yǔmáoqiú 배드미턴
- 保龄球 bǎolíngqiú 볼링
- 太极拳 tàijíquán 태극권
- 跆拳道 táiquándào 태권도
- 拳击 quánjī 권투

★ 발로 하는 축구 앞에는 동사 '踢(tī)'를 쓴다.

- 足球 zúqiú 축구

★ 기타 운동

- (做)瑜伽 (zuò) yújiā 요가(하다)
- 游泳 yóu//yǒng 수영하다
- 爬山 pá//shān 등산하다

제**03**과

他听得懂听不懂韩语?

Tā tīngdedǒng tīngbudǒng Hányǔ?

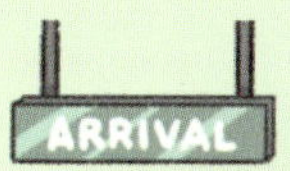

1 从早上开始怎么这么热？
Cóng zǎoshang kāishǐ zěnme zhème rè?

2 今天到底多少度啊？
Jīntiān dàodǐ duōshao dù a?

3 好像今天比昨天热多了。
Hǎoxiàng jīntiān bǐ zuótiān rè duō le.

4 会是会，可是只会一点儿。
Huì shì huì, kěshì zhǐ huì yìdiǎnr.

5 我觉得滑板比滑雪更有意思。
Wǒ juéde huábǎn bǐ huáxuě gèng yǒu yìsi.

☐ 酒店	jiǔdiàn	명	호텔
☐ 明星酒店	míngxīng jiǔdiàn	고유	명성호텔
☐ 又A又B	yòu A yòu B		A이기도 하고 B이기도 하다
☐ 环境	huánjìng	명	환경, 주위 상황
☐ 干净	gānjìng	형	깨끗하다
☐ 得	de	조	동사와 보어의 가운데 쓰여 가능을 나타냄
☐ 韩语	Hányǔ	명	한국어
☐ 做得了	zuòdeliǎo		해낼 수 있다
☐ 翻译	fānyì	동 명	번역하다, 통역하다, 번역, 번역자
☐ 试	shì	동	시도하다, 시험 삼아 해보다
☐ 今晚	jīnwǎn	명	오늘 저녁
☐ 陪	péi	동	모시다, 수행하다, 동반하다
☐ 专务	zhuānwù	명	전무(직위)
☐ 餐厅	cāntīng	명	식당, 음식점
☐ 明白	míngbai	동 형	이해하다, 알다, 분명하다, 명백하다
☐ 韩餐	háncān	명	한국요리
☐ 中餐	zhōngcān	명	중국요리
☐ 牛排	niúpái	명	스테이크, 소갈비
☐ 受	shòu	동	받다, 받아들이다, 당하다
☐ 中文	Zhōngwén	명	중국어(중국의 언어와 문자)
☐ 惯	guàn	동	습관이 되다, 익숙해지다
☐ 地板	dìbǎn	명	마루, 바닥
☐ 椅子	yǐzi	명	의자
☐ 打听	dǎting	동	물어보다, 알아보다, 탐문하다

韩万恩　青岛来的客户到了吗？ 在哪个酒店？
Qīngdǎo lái de kèhù dào le ma?　　Zài nǎ ge jiǔdiàn?

房贵男　他已经到了，首尔站对面的明星酒店。
Tā yǐjīng dào le,　　Shǒu'ěr zhàn duìmiàn de Míngxīng jiǔdiàn.

离公司又近环境又干净。
Lí gōngsī yòu jìn huánjìng yòu gānjìng.

韩万恩　他听得懂听不懂韩语？
Tā tīngdedǒng tīngbudǒng Hányǔ?

房贵男　他只听得懂一点儿，但不会说。
Tā zhǐ tīngdedǒng yìdiǎnr,　　dàn bú huì shuō.

韩万恩　你做得了翻译吗？
Nǐ zuòdeliǎo fānyì ma?

房贵男　我也只会一点儿，但是我试试吧。
Wǒ yě zhǐ huì yìdiǎnr,　　dànshì wǒ shìshi ba.

韩万恩　今晚要陪客户和专务一起吃晚饭，你来订餐厅吧。
Jīnwǎn yào péi kèhù hé zhuānwù yìqǐ chī wǎnfàn,　　nǐ lái dìng cāntīng ba.

房贵男　明白了。韩餐好还是中餐好？
Míngbai le.　　Háncān hǎo háishi zhōngcān hǎo?

韩万恩	韩餐吧。听说中国人很喜欢吃牛排。 Háncān ba.　　Tīngshuō Zhōngguórén hěn xǐhuan chī niúpái.
	明星酒店旁边有一家牛排店， Míngxīng jiǔdiàn pángbiān yǒu yì jiā niúpáidiàn,
	很受中国人的欢迎。 hěn shòu Zhōngguórén de huānyíng.
	那儿有中文菜单，马总也看得懂。 Nàr yǒu Zhōngwén càidān,　　Mǎ zǒng yě kàndedǒng.
	而且听说中国人坐不惯地板， Érqiě tīngshuō Zhōngguórén zuòbuguàn dìbǎn,
	最好订一张坐在椅子上的。 zuìhǎo dìng yì zhāng zuò zài yǐzi shang de.
房贵男	好。我打听一下。 Hǎo.　　Wǒ dǎting yíxià.

1. 가능보어 → 동사, 형용사의 가능 여부를 나타냄

형식 ①

★ 긍정형 : 주어 + 동사, 형용사 + 得 + 결과보어 / 방향보어(동사/형용사)

★ 부정형 : 주어 + 동사, 형용사 + 不 + 결과보어 / 방향보어(동사/형용사)

• 看得懂 kàndedǒng 보고 이해하다 / 看不懂 kànbudǒng 보고 이해하지 못하다

★ 의문형 : 吗의문문 / 정반의문문

• 你看得懂中文报吗?　Nǐ kàndedǒng Zhōngwén bào ma?

(= 你看得懂看不懂中文报?　Nǐ kàndedǒng kànbudǒng Zhōngwén bào?)

　당신은 중국어 신문을 읽을 수 있습니까? (보고 이해할 수 있습니까?)

형식②

★ 긍정형 : 동사 + 得 + 了 (liǎo) - 동사 할 수 있다

★ 부정형 : 동사 + 不 + 了 (liǎo) - 동사 할 수 없다

• 吃得了 chīdeliǎo 먹을 수 있다 / 吃不了 chībuliǎo 먹을 수 없다

★ 의문형 : 吗의문문 / 정반의문문

• 这么多菜你们吃得了吗?　Zhème duō cài nǐmen chīdeliǎo ma?

(= 这么多菜你们吃得了吃不了?　Zhème duō cài nǐmen chīdeliǎo chībuliǎo?)

　이렇게 많은 음식을 당신들은 다 먹을 수 있습니까?

(주의!) 가능보어에서 '了 (liǎo)' 발음에 주의하자

★ 많이 사용되는 가능보어

吃得惯	chīdeguàn	입에 맞다	吃不惯	chībuguàn	입에 맞지 않다
买得起	mǎideqǐ	(경제적으로) 살 수 있다	买不起	mǎibuqǐ	(경제적으로) 살 수 없다
买得到	mǎidedào	(물건이 있어) 살 수 있다	买不到	mǎibudào	(물건이 없어) 살 수 없다
看得完	kàndewán	다 읽을 수 있다	看不完	kànbuwán	다 읽을 수 없다
看得清楚	kàndeqīngchu	분명히 볼 수 있다	看不清楚	kànbuqīngchu	분명히 볼 수 없다

想得起来	xiǎngdeqǐlái	생각이 나다	想不起来	xiǎngbuqǐlái	생각이 나지 않다
来得及	láidejí	늦지 않다	来不及	láibují	늦을 수 있다
忘得了	wàngdeliǎo	잊을 수 있다	忘不了	wàngbuliǎo	잊을 수 없다
听得见	tīngdejiàn	들리다	听不见	tīngbujiàn	들리지 않다

* 많이 사용되는 가능보어들은 외워 두장!

2. 존재문

동사 '有(yǒu), 在(zài), 是(shì)'는 모두 존재를 나타낼 수 있다.

★ 장소(또는 방위사) + 有 + 사람/사물(존재하는 것) → ~에 ~이 있다

☆ 有가 강조하는 것은 '장소에 사람/사물이 있다' 존재의 여부이다.

有 뒤에는 불특정대상이 온다.

- 墙上有一张照片。 벽에 사진 한 장이 있습니다.
  Qiángshang yǒu yì zhāng zhàopiàn.

- 公司附近有银行吗? 회사 근처에 은행이 있습니까?
  Gōngsī fùjìn yǒu yínháng ma?

★ 장소 + 是 + 사람/사물 (존재하는 것) → ~은 ~이다

☆ 是가 강조하는 것은 '사람/사물이 이미 그 장소에 있다'는 것을 알고 있다.

- 我们公司东边是首尔书店。 우리 회사 동쪽에 서울서점이 있습니다.
  Wǒmen gōngsī dōngbian shì Shǒu'ěr shūdiàn.

- 你的旁边是谁? 당신 옆은 누구입니까?
  Nǐ de pángbiān shì shéi?

★ 사람 / 사물 (존재하는 것) + 在 + 장소 (또는 방위사) → ~이 ~에 있다

☆ 在가 강조하는 것은 '사람/사물은 ~에 있다'는 장소이다.

- 手机在办公桌上。 핸드폰은 (사무용)책상 위에 있습니다.
  Shǒujī zài bàngōngzhuō shang.

- 他们在办公室里。 그들은 사무실 안에 있습니다.
  Tāmen zài bàngōngshì li.

☐ 墙 qiáng 명 벽
☐ 照片 zhàopiàn 명 사진
☐ 书店 shūdiàn 명 서점

1 离公司又近环境又干净。

又A又B: A이기도 하고 B이기도 하다.
두 가지 성질이나 상황이 동시에 존재함을 나타낸다.

- 这件衣服价钱又便宜样子又好看。
  Zhè jiàn yīfu jiàqián yòu piányi yàngzi yòu hǎokàn.
  이 옷은 가격이 싸기도 하고 디자인이 예쁘기도 합니다.

- 咱们去吃快餐吧！又快又便宜。
  Zánmen qù chī kuàicān ba! Yòu kuài yòu piányi.
  우리 패스트푸드 먹으러 가요! 빠르고 싸잖아요.

- 我觉得这个菜又咸又辣。
  Wǒ juéde zhè ge cài yòu xián yòu là.
  내가 느끼기에 이 음식은 짜고 맵습니다.

□ 快餐 kuàicān 명 패스트푸드
□ 咸 xián 형 짜다

2 听说中国人很喜欢吃牛排。

정도부사는 형용사 앞에만 사용이 가능하다.
하지만 감정, 심리상태를 나타내는 몇몇 동사 앞에 정도부사가 올 수 있다.

감정, 심리상태를 나타내는 동사

爱 ài 사랑하다	想 xiǎng 보고 싶다, ~하고 싶다
喜欢 xǐhuan 좋아하다	希望 xīwàng 희망하다, 바라다
感动 gǎndòng 감동하다	讨厌 tǎoyàn 미워하다
担心 dān//xīn 걱정하다	

- 我很爱你。
  Wǒ hěn ài nǐ.
  나는 당신을 아주 사랑합니다.

- 他非常喜欢吃甜的。
  Tā fēicháng xǐhuan chī tián de.
  그는 단 것을 아주 좋아합니다.

□ 甜 tián 형 달다

1 他只听得懂一点儿，但不会说。

- 只我一个人去就可以了。
  Zhǐ wǒ yí ge rén qù jiù kěyǐ le.

- 今天早上我只吃了一个面包。
  Jīntiān zǎoshang wǒ zhǐ chī le yí ge miànbāo.

- 我只想问一个问题，现在你有没有时间?
  Wǒ zhǐ xiǎng wèn yí ge wèntí, xiànzài nǐ yǒu méiyǒu shíjiān?

- 听说中国人只能生一个孩子。
  Tīngshuō Zhōngguórén zhǐnéng shēng yí ge háizi.

□ 生 shēng 동 낳다

2 明星酒店旁边有一家牛排店。

- 我们公司附近有很多餐厅。
  Wǒmen gōngsī fùjìn yǒu hěn duō cāntīng.

- 公司前面有地铁站。
  Gōngsī qiánmiàn yǒu dìtiězhàn.

- 办公桌上有一台笔记本电脑。
  Bàngōngzhuō shang yǒu yì tái bǐjìběn diànnǎo.

- 办公室里有人吗?
  Bàngōngshì li yǒu rén ma?

□ 前面 qiánmiàn 명 앞, 앞쪽
□ 地铁站 dìtiězhàn 명 지하철역
□ 台 tái 양 대[기계 등을 세는 단위]
□ 笔记本电脑 bǐjìběn diànnǎo 명 노트북

 듣기

녹음을 잘 듣고 일치하는 그림을 고르시오. 🎧 23

A.

B.

C.

D.

① _____________ ② _____________ ③ _____________ ④ _____________

 말하기

회화 내용을 숙지한 후, 다음 질문에 대답하시오.

1 明星酒店在哪儿?

2 从公司到明星酒店远吗?

3 从青岛来的客户听得懂听不懂韩语?

4 韩万恩为什么觉得吃韩餐好?

다음 문장을 읽고 관련된 답을 고르시오.

> A 我也不知道。
> B 放心吧。
> C 韩餐好还是中餐好?
> D 你们一共点了八个菜。

1 我非常担心明天的面试。　　　　　　　(　　)

2 这么多菜我们吃得了吗?　　　　　　　(　　)

3 这儿附近有邮局吗?　　　　　　　　　(　　)

4 听说中国人很喜欢吃韩国菜。　　　　　(　　)

아래의 제시된 단어를 의미에 맞게 배열하시오.

1 去　吃快餐　吧　快　又　咱们　便宜　又

→ ____ 。

2 上　我　希望　很　我　儿子　大学

→ ____ 。

3 旁边　你　谁　的　是

→ ____ ?

4 早上　我　只　一　吃　了　个　面包　今天

→ ____ 。

TSC 필수 어휘

问好	wènhǎo	동	안부를 묻다
告别	gàobié	동	고별하다, 작별 인사를 하다
保重	bǎozhòng	동	건강에 주의하다, 몸조심하다
			(주로 남에게 건강에 주의하기를 바란다는 말)
打招呼	dǎ//zhāohu	동	인사하다, 인사를 나누다
舍不得	shěbude	동	아쉽다, 아쉬워하다, 아까워하다
注意	zhùyì	동	주의하다
联系	liánxì	동	연락하다
打工	dǎgōng	동	아르바이트를 하다
目的	mùdì	명	목적
赚钱	zhuànqián	동	돈을 벌다
体会	tǐhuì	동	체험하여 깨닫다
经验	jīngyàn	명 동	경험, 경험하다

TSC 필수 관용어 & 사자성어

开绿灯	kāi lùdēng	허락하다, 길을 내주다
小意思	xiǎo yìsi	작은 마음의 표시, 사소한 일, 별거 아니다
久闻大名	jiǔwén dàmíng	존함은 익히 들었습니다
一路顺风	yílù shùnfēng	가는 길 순조로우시길 바랍니다

1 看图回答　(준비시간: 3초 / 대답시간 6초)　 25

（3秒）　提示音＿＿＿＿＿＿＿（15秒）＿＿＿＿＿＿＿结束。

2 看图回答　(준비시간: 3초 / 대답시간 6초)　26

（3秒）　提示音＿＿＿＿＿＿＿（15秒）＿＿＿＿＿＿＿结束。

3 快速回答　(준비시간: 2초 / 대답시간 15초)　27

（2秒）　提示音＿＿＿＿＿＿（15秒）＿＿＿＿＿结束。

4 简短回答　(준비시간: 15초 / 대답시간 25초)　28

问）　你喜欢吃甜的吗?

（15秒）　提示音＿＿＿＿＿（25秒）＿＿＿＿＿＿结束。

▶ 酒店 jiǔdiàn / 宾馆 bīnguǎn 호텔 🎧 29

- 预订 yùdìng 예약하다

- 服务台 fúwùtái 프론트

- 登记 dēngjì 체크인하다

- 退房 tuìfáng 체크아웃 하다

- 押金 yājīn 보증금, 담보금, 선금

- 单人间 dānrénjiān 1인실

- 双人间 shuāngrénjiān 2인실

- 商务房 shāngwùfáng 비즈니스룸

- 房卡 fángkǎ 방 키(방 카드)

- 商务中心 shāngwù zhōngxīn 비즈니스센터

- 叫醒服务 jiàoxǐng fúwù 모닝콜 서비스

- 游泳池 yóuyǒngchí 수영장

- 健身房 jiànshēnfáng 헬스장

- 桑拿(浴) sāngná(yù) 사우나

- 服务费 fúwùfèi 봉사료(Service Charge)

- 小费 xiǎofèi 팁(tip)

제**04**과

您是第一次来韩国吗?

Nín shì dì yī cì lái Hánguó ma?

경험태 / 동량사 / 是……的 강조구문 / 부사 又、再、还

1 离公司又近环境又干净。
Lí gōngsī yòu jìn huánjìng yòu gānjìng.

2 他听得懂听不懂韩语？
Tā tīngdedǒng tīngbudǒng Hányǔ?

3 我也只会一点儿，但是我试试吧。
Wǒ yě zhǐ huì yìdiǎnr, dànshì wǒ shìshi ba.

4 很受中国人的欢迎。
Hěn shòu Zhōngguórén de huānyíng.

5 我打听一下。
Wǒ dǎting yíxià.

服务	fúwù	명	서비스
十分	shífēn	부	매우, 아주, 대단히
周到	zhōudào	형	세심하다, 빈틈이 없다, 꼼꼼하다
第	dì	접	(수사 앞에서) 제 [수사 앞에 쓰여 순서를 나타냄]
次	cì	양	번, 회[동작의 횟수를 세는 단위]
过	guo	조	동사 뒤에 쓰여 동작의 경험을 강조
以前	yǐqián	명	이전, 예전
前年	qiánnián	명	재작년
那时候	nà shíhou		그때
济州岛	Jìzhōu Dǎo	고유	제주도(지명)
旅行	lǚxíng	동	여행하다
风景	fēngjǐng	명	풍경, 경치
美	měi	형	아름답다
极了	jíle		매우, 아주, 몹시 [뒤에 위치해 뜻을 매우 강조할 때 쓰임. 대신 형용사 앞에는 아무것도 존재할 수 없음]
如果	rúguǒ	접	만약
的话	dehuà	조	~하다면, ~라면
明洞	Míngdòng	고유	명동(지명)
游客	yóukè	명	여행객, 관광객
挺	tǐng	부	매우, 아주, 대단히

房贵男 早上好！ 我来接您去餐厅。
Zǎoshang hǎo! Wǒ lái jiē nín qù cāntīng.

马总 酒店的服务十分周到，非常感谢贵公司的安排。
Jiǔdiàn de fúwù shífēn zhōudào, fēicháng gǎnxiè guì gōngsī de ānpái.

房贵男 哪里哪里，这是我们应该做的。
Nǎli nǎli, zhè shì wǒmen yīnggāi zuò de.

马总，您是第一次来韩国吗？
Mǎ zǒng, nín shì dì yī cì lái Hánguó ma?

> **Tip**
> '第'는 수사 앞에 쓰여 차례를 나타낸다.
> 즉 서수(序数)를 나타낸다.
> '第' 뒤에 수사 '一'는 성조의 변화가 없으며, 수사2 는 '二(èr)'만 가능하다. (两 liǎng x)

马总 不是，以前来过。
Búshì, yǐqián láiguo.

房贵男 是吗？ 您是什么时候来的？
Shì ma? Nín shì shénme shíhou lái de?

马总 是前年来的。
Shì qiánnián lái de.

房贵男 那时候去过哪儿？
Nà shíhou qùguo nǎr?

> **Tip**
> "如果A的话，(就)B: 만약 A라면, B하다"
> 라는 뜻으로 가정관계를 나타낸다.
> 如果는 要是와 바꿔 말할 수 있고, '的话'는 구어체에서 많이 사용하며, 생략 가능하다.

马总 跟家人一起去济州岛旅行了。
Gēn jiārén yìqǐ qù Jìzhōudǎo lǚxíng le.

我觉得济州岛的风景美极了。
Wǒ juéde Jìzhōudǎo de fēngjǐng měi jíle.

如果再有机会的话，还想去一次。
Rúguǒ zài yǒu jīhuì dehuà, hái xiǎng qù yí cì.

房贵男	这次您想去哪儿逛逛？
	Zhè cì nín xiǎng qù nǎr guàngguang?

马总	我想去明洞给家人买点儿礼物。
	Wǒ xiǎng qù Míngdòng gěi jiārén mǎi diǎnr lǐwù.
	最近明洞的中国游客很多吧？
	Zuìjìn Míngdòng de Zhōngguó yóukè hěn duō ba?

房贵男	对，挺多的。明天我陪您去明洞。
	Duì, tǐng duō de. Míngtiān wǒ péi nín qù Míngdòng.

马总	谢谢你。
	Xièxie nǐ.

1. 경험태

동사 뒤에 동태조사 '过(guo)'를 붙이면 '~한 적이 있다, ~한 경험이 있다'라는 의미이다.

★ 긍정형 : 동사 + 过

- 我见过金总。Wǒ jiànguo Jīn zǒng. 나는 김 사장님을 만난 적이 있습니다.

- 我穿过旗袍。Wǒ chuānguo qípáo. 나는 치파오를 입어본 적이 있습니다.

★ 부정형 : 没(有) + 동사 + 过

- 我没(有)来过这儿。Wǒ méi(yǒu) láiguo zhèr. 나는 여기에 와본 적이 없습니다.

- 我从来没(有)吃过火锅。나는 여태까지 훠궈를 먹어본 적이 없습니다.
  Wǒ cónglái méi(yǒu) chīguo huǒguō.

★ 의문형 : 吗의문문과 정반의문문 (문장 끝에 没有)

- 你去过中国吗? (= 你去过中国没有？) 당신은 중국에 가본 적이 있습니까?
  Nǐ qùguo Zhōngguó ma? (Nǐ qùguo Zhōngguó méiyǒu?)

- 你来中国以前喝过茅台酒吗? (= 你来中国以前喝过茅台酒没有？)
  Nǐ lái Zhōngguó yǐqián hēguo Máotáijiǔ ma? (Nǐ lái Zhōngguó yǐqián hēguo Máotáijiǔ méiyǒu?)
  당신은 중국에 오기 전에 마오타이를 마셔본 적이 있습니까?

> ☐ 穿 chuān 동 (옷을) 입다, (신발 등을) 신다
> ☐ 旗袍 qípáo 명 치파오
> ☐ 从来 cónglái 부 지금까지, 여태껏
> ☐ 火锅 huǒguō 명 훠궈, 중국식 샤브샤브

2. 동량사

동량사는 동작의 횟수를 나타낸다.

목적어의 위치

(1) 목적어가 일반목적어일 경우   동사 + 동량사 + 목적어

- 我尝过一次他做的中国菜。나는 그가 만든 중국요리를 한번 맛본 적이 있습니다.
  Wǒ chángguo yí cì tā zuò de zhōngguócài.

(2) 목적어가 대사일 경우   동사 + 목적어 + 동량사

- 我骂了他一顿。Wǒ mà le tā yí dùn. 나는 그에게 욕을 한바탕 했습니다.

(3) 목적어가 인명이나 지명일 경우

동사 + 동량사 + 목적어 / 동사 + 목적어 + 동량사 (둘 다 가능)

- 我去过一次北京。(= 我去过北京一次。) 나는 베이징에 한 번 가본 적이 있습니다.
  Wǒ qùguo yí cì Běijīng. (= Wǒ qùguo Běijīng yí cì.)

★ 많이 쓰이는 동량사

次 cì	반복 출현하는 동작	我吃了两次火锅。 나는 훠궈를 두 번 먹었습니다. Wǒ chī le liǎng cì huǒguō.
回 huí	'次'와 같은 의미이나 좀 더 구어적인 느낌	我吃了两回火锅。 나는 훠궈를 두 번 먹었습니다. Wǒ chī le liǎng huí huǒguō.
遍 biàn	동작의 처음부터 끝까지 전 과정	请再说一遍。 다시 한 번 말씀해 주세요. Qǐng zài shuō yíbiàn.
下 xià	한번 시험 삼아 해 보다.	咱们一起研究一下。 우리 같이 연구해 봅시다. Zánmen yìqǐ yánjiū yíxià.
趟 tàng	사람이나 차의 왕래 횟수 (왕복)	我去年三趟中国。 Wǒ qùnián sān tàng Zhōngguó. 나는 작년에 중국에 세 번 갔다 왔습니다.
顿 dùn	욕, 구타, 질책 등에 쓰임	他批评了我一顿。 그는 나를 한 번 질책했습니다. Tā pīpíng le wǒ yí dùn.
场 chǎng	문예, 오락, 체육활동 등에 쓰임	晚上有一场足球比赛。 저녁에 축구시합이 있습니다. Wǎnshang yǒu yì chǎng zúqiú bǐsài.

3. 是……的 강조구문

是……的 구문: 이미 발생한 동작의 시간, 장소, 방법 등을 구체적으로 강조하여 표현할 때 사용.

★ 어순: 주어 + (是) + …… + 的

시간: • 你是什么时候来的? Nǐ shì shénme shíhou lái de? 당신은 언제 왔습니까?

　　　• 我是前天晚上来的 Wǒ shì qiántiān wǎnshang lái de. 나는 그저께 저녁에 왔습니다.

장소: • 你是从哪儿来的? Nǐ shì cóng nǎr lái de? 당신은 어디에서 왔습니까?

　　　• 我是从韩国来的。 Wǒ shì cóng Hánguó lái de. 나는 한국에서 왔습니다.

방식: • 你们是怎么来的? Nǐmen shì zěnme lái de? 당신들은 어떻게 왔습니까? (교통수단)

　　　• 我们是开车来的。 Wǒmen shì kāichē lái de. 우리는 차를 몰고 왔습니다.

(주의!) 부정은 '不是…的'이며, 부정문에서는 '是의 생략'이 불가능하다.

★ 목적어의 위치

목적어가 '的'의 뒤에 나오는 경우가 있으나 의미상의 차이는 없다.

단, 목적어가 인칭대사일 경우 목적어는 '的'가 뒤에 나오지 않는다.

是……동사 + 목적어 + 的　• 我是去年上大学的。
　　　　　　　　　　　　　Wǒ shì qùnián shàng dàxué de.

是……동사 + 的 + 목적어　• 我是去年上的大学。
　　　　　　　　　　　　　Wǒ shì qùnián shàng de dàxué.

□ 研究 yánjiū 동 명 연구하다, 연구
□ 批评 pīpíng 동 비평하다, 평가하다
□ 足球 zúqiú 명 축구
□ 比赛 bǐsài 명 동 시합, 시합하다

1 如果再有机会的话，还想去一次。

중복, 빈도를 나타내는 '또, 더'라는 뜻을 가진 부사로는 '又(yòu), 再(zài), 还(hái)' 가 있다.
차이점을 살펴 보자.

① '又'는 동일한 동작 혹은 상태가 이미 일어났거나 재차 발생하였음을 나타냄.
  보통 문미에 '又'가 온다.

- 你今天怎么又迟到了? 오늘 당신은 왜 또 지각했나요? (반복된 행위)
  Nǐ jīntiān zěnme yòu chídào le?

- 这本书我昨天看过，今天又看了一遍。 이 책을 나는 어제 봤고, 오늘 또 한 번 봤다.
  Zhè běn shū wǒ zuótiān kànguo, jīntiān yòu kàn le yí biàn.

② '再'는 아직 발생하지 않은 일에 대해 동작상태가 반복, 연속됨을 나타냄.
  조동사 뒤에 위치하며, 주로 평서문, 명령문, 청유문, 가정문에 쓰인다.

- 今天他不在公司，你明天再来吧。(아직 실현되지 않았음)
  Jīntiān tā bú zài gōngsī, nǐ míngtiān zài lái ba.
  그는 오늘 회사에 없으니 내일 다시 오세요.

- 你可以再说一遍吗? 당신은 다시 한 번 말씀해 주실 수 있으세요?
  Nǐ kěyǐ zài shuō yí biàn ma?

③ '还'는 이미 발생한 동작이 또 다시 발생하려고 하는 경우에 쓰임.
  조동사 앞에 위치하며, 주로 평서문, 의문문에 쓰인다.

- 你还想去香港玩儿吗? 당신은 홍콩에 또 놀러 가고 싶습니까?
  Nǐ hái xiǎng qù Xiānggǎng wánr ma?

- 我很希望下次你还来韩国旅行。 나는 다음에 당신이 또 한국에 여행 오기를 바랍니다.
  Wǒ hěn xīwàng xiàcì nǐ hái lái Hánguó lǚxíng.

> ☐ 香港 Xiānggǎng 고유 홍콩
> ☐ 希望 xīwàng 명 희망, 바람, 소망
> 　　　　　 동 희망하다, 바라다

〈비교〉

- 这个电影我以前看过一遍，今天又看了一遍。
  Zhè ge diànyǐng wǒ yǐqián kànguo yí biàn, jīntiān yòu kàn le yí biàn.
  이 영화를 이전에 한 번 본적이 있는데, 오늘 또 한 번 봤습니다.

- 这个电影我看了一遍，还要再看一遍。 이 영화를 한 번 봤는데, 또 다시 한 번 볼 겁니다.
  Zhè ge diànyǐng wǒ kàn le yí biàn, hái yào zài kàn yí biàn.
  (*还要再의 어순으로 같이 쓸 수도 있다.)

반복이 실현되지 않았지만 반드시 그것이 실현될 일이거나 주기적으로 반복될 경우,
'又'는 아래와 같이 조동사나 '是' 앞에 반복된 예정으로 사용할 수 있다.

- 明天又是星期一了。 내일 또 월요일입니다.
  Míngtiān yòu shì xīngqīyī le.

1 如果再有机会的话，还想去一次。

- 如果明天下雨的话，我们就在家休息。
  Rúguǒ míngtiān xiàyǔ de huà, wǒmen jiù zài jiā xiūxi.

- 如果明天你有空的话，就来我家一起吃晚饭吧。
  Rúguǒ míngtiān nǐ yǒu kòng de huà, jiù lái wǒ jiā yìqǐ chī wǎnfàn ba.

- 如果您还有什么问题的话，就随时给我打电话吧。
  Rúguǒ nín háiyǒu shénme wèntí de huà, jiù suíshí gěi wǒ dǎ diànhuà ba.

- 如果价钱便宜的话，我就多买点儿。
  Rúguǒ jiàqián piányi de huà, wǒ jiù duō mǎi diǎnr.

□ 空 kòng 명 틈, 여유, 시간
□ 随时 suíshí 부 언제든지, 아무 때나

2 您是什么时候来的?

- 你是哪年大学毕业的?
  Nǐ shì nǎ nián dàxué bìyè de?

- 你是为什么来韩国的?
  Nǐ shì wèishénme lái Hánguó de?

- 金代理是昨天告诉我的。
  Jīn dàilǐ shì zuótiān gàosu wǒ de.

- 我是跟我男朋友一起去的。
  Wǒ shì gēn wǒ nánpéngyou yìqǐ qù de.

듣기

녹음을 잘 듣고 일치하는 그림을 고르시오.

A.

B.

C.

D.

① ____________ ② ____________ ③ ____________ ④ ____________

말하기

회화 내용을 숙지한 후, 다음 질문에 대답하시오.

1 马总觉得酒店的服务怎么样?

2 马总以前是什么时候来韩国的?

3 马总以前来韩国的时候去过哪儿?

4 马总这次为什么想去明洞逛逛?

다음 문장을 읽고 관련된 답을 고르시오.

> A 前年。
> B 明天。
> C 我没有见过她。
> D 他听得懂听不懂汉语?

1 你认识她吗?　　　　　　　　　　　　　　(　)

2 你打算什么时候去中国?　　　　　　　　(　)

3 你是什么时候去中国的?　　　　　　　　(　)

4 他从来没学过汉语。　　　　　　　　　　(　)

아래의 제시된 단어를 의미에 맞게 배열하시오.

1 明天　在　的话　我们　如果　就　家　下雨　休息

　→ ____。

2 你　的　是　毕业　哪年　大学

　→ ____?

3 遍　请　说　一　再

　→ ____。

4 我　火锅　没有　吃　过　从来

　→ ____。

TSC 필수 어휘

□ 节省	jiéshěng	동 아끼다, 절약하다
□ 省钱	shěngqián	동 돈을 아끼다, 절약하다
□ 名牌	míngpái	명 명품
□ 优惠	yōuhuì	형 특혜의, 우대의
□ 购物	gòuwù	동 구매하다, 구입하다, 쇼핑하다
□ 购物中心	gòuwù zhōngxīn	명 쇼핑몰, 쇼핑센터
□ 大型超市	dàxíng chāoshì	명 대형마트
□ 传统市场	chuántǒng shìchǎng	명 전통(재래)시장
□ 便利店	biànlìdiàn	명 편의점
□ 积分	jīfēn	동 포인트를 쌓다
□ 借记卡	jièjìkǎ	명 직불카드
□ 会员卡	huìyuánkǎ	명 회원카드

TSC 필수 관용어 & 사자성어

□ 血汗钱	xuèhànqián	피땀 흘려 번 돈
□ 侃大山	kǎndàshān	잡담하다, 수다떨다, 한담하다
□ 打发时间	dǎfā shíjiān	시간을 보내다, 시간을 때우다
□ 一举两得	yìjǔ liǎngdé	일거양득

1 看图回答　(준비시간: 3秒 / 대답시간 6秒)　🎧 35

（3秒）　提示音＿＿＿＿＿＿（6秒）＿＿＿＿＿＿结束。

2 看图回答　(준비시간: 3秒 / 대답시간 6秒)　🎧 36

（3秒）　提示音＿＿＿＿＿（6秒）＿＿＿＿＿结束。

3 快速回答　(준비시간: 2秒 / 대답시간 15秒)　🎧 37

（2秒）　提示音＿＿＿＿＿（15秒）＿＿＿＿＿结束。

4 简短回答　(준비시간: 15秒 / 대답시간 25秒)　🎧 38

问）　如果你有很多钱的话，想做什么？

（15秒）　提示音＿＿＿＿＿（25秒）＿＿＿＿＿＿结束。

중국의 기업② – 캉스푸 (康师傅)

　중국에서 모르는 사람이 없을 정도로 유명한 브랜드인 캉스푸는 대만의 딩신국제그룹과 일본 산요푸드가 합작해 만든 회사로, 1991년 중국 대륙에 진출, 1992년 캉스푸 브랜드로 라면을 생산, 판매하기 시작했다. '캉씨요리사'라는 뜻의 캉스푸는 요리사 복장을 한 뚱뚱하고 친근하며 믿음이 가는 캐릭터를 내세워 중국인의 입맛을 사로잡았다. 1998년 지금의 캉스푸라면 창시자인 '웨이잉저우(魏应州)'가 홍콩 출장 길에 기차 안에서 간단히 허기를 해결하기 위해 대만에서 사 온 라면을 조리해 먹었다. 기차 안에서 손쉽게 즉석으로 조리해 먹는 '웨이잉저우'를 본 중국인들의 반응은 엄청났으며 그 매력에 푹 빠졌다. 중국 최초의 인스턴트라면 '홍샤오니우로우미엔(红烧牛肉面 달콤한 간장에 졸인 소고기 맛 라면)' 출시를 시작으로 중국 라면 시장에서 캉스푸의 현재 시장점유율은 56.7%를 차지하며 압도적으로 1위를 달리고 있다. 뿐만 아니라 음료, 과자 분야에도 진출해 순식간에 중국 시장을 석권했다. 1996년 대만과 상하이에 정식 상장했고, 2008년과 2009년 연속 〈포브스〉에서 '아시아 50대 기업'으로 선정된 글로벌 기업이다. '캉스푸를 빼놓고 중국 라면 업계를 논하지 말라'라는 말이 있을 정도다. 또한 대만의 매출 중 가장 큰 비중을 차지하고 있는 가장 인기 있는 제품은 '빙훙차(冰红茶)'다.

　캉스푸의 성공비결을 살펴보면 다음과 같다.

▶ 품질에 대한 고집

　캉스푸가 시장에 막 나왔을 때 라면을 구하기 위해 전국에서 몰려든 컨테이너차량이 공장 앞에 장사진을 쳤다. 많은 사람들은 위 회장에게 '품질기준을 조금만 낮춰 생산하면 더 많이 생산할 수 있다'고 제안했지만, 위 회장은 '먹거리를 생산하는 회사는 결코 거짓과 타협할 수 없다'고 역정을 냈던 일화는 지금도 회자 되고 있다.

▶ 맛의 지역 밀착화

　중국은 '32개의 작은 나라'라는 말이 있을 정도로 지역별로 음식 등 각종 문화가 큰 차이를 보인다. 지역별로 입맛을 분석해 맞춤형 제품을 개발하여 100개가 넘는 종류의 라면을 판매하고 있다.

▶ 허기를 채우는 가장 값싼 식품이라는 관념 탈피

　캉스푸는 기존의 라면은 허기를 채우는 가장 값싼 식품이라는 관념을 탈피하여 남녀노소 누구나 언제 어디서나 즐길 수 있는 진정한 의미의 먹거리로 바꿔 놓았다. '好吃看得见 맛있는 맛이 눈에 보인다' 캉스푸 소고기 라면이 중국 전역을 휩쓸도록 만들어준 전설적인 광고문이다. 또 캉스푸는 첫 출시부터 플라스틱 포크가 들어있어 언제 어디에서나 간편하게 즐길 수 있는 라면으로 국민들에게 인식되게 만들었고, 수프가 두 개나 들어있어 기존의 단순한 맛에서 탈피하여 한 그릇의 컵라면에서 다양한 맛을 느낄 수 있게 했다.

▶ **爱好** àihào 취미 🎧 39

- **看电影** kàn diànyǐng 영화를 보다

- **上网** shàng//wǎng 인터넷을 하다

- **旅游** lǚyóu / **旅行** lǚxíng 여행하다

- **玩游戏** wán yóuxì 게임을 하다

- **听音乐** tīng yīnyuè 음악을 듣다

- **看表演** kàn biǎoyǎn 공연을 보다

- **看演唱会** kàn yǎnchànghuì 콘서트를 보다

- **照相** zhàoxiàng / **摄影** shèyǐng / **拍照** pāi//zhào 사진을 찍다

- **看书** kàn shū 책을 보다

- **画画儿** huà huàr 그림을 그리다

- **弹钢琴** tán gāngqín 피아노를 치다

- **钓鱼** diàoyú 낚시하다

- **下棋** xià//qí 바둑을 두다, 장기를 두다

  (**围棋** wéiqí 바둑 / **象棋** xiàngqí 장기)

제 **05** 과

哪里哪里，还差得远呢。

Nǎli nǎli, hái chà de yuǎn ne.

상태보어 / 정도보어 / 虽然……但是 / 对……感兴趣

1 饭店的服务十分周到，非常感谢贵公司的安排。
Fàndiàn de fúwù shífēn zhōudào, fēicháng gǎnxiè guì gōngsī de ānpái.

2 您是什么时候来的？
Nín shì shénme shíhou lái de?

3 那时候去过哪儿？
Nà shíhou qùguo nǎr?

4 如果再有机会的话，还想去一次。
Rúguǒ zài yǒu jīhuì de huà, hái xiǎng qù yí cì.

5 我想去明洞给家人买点儿礼物。
Wǒ xiǎng qù Míngdòng gěi jiārén mǎi diǎnr lǐwù.

☐ 进	jìn	동	(밖에서 안으로) 들다, 들어오다
☐ 贵宾	guìbīn	명	귀빈, 귀중한 손님
☐ 添	tiān	동	보태다, 더하다
☐ 麻烦	máfan	명	말썽, 골칫거리, 부담
☐ 合作	hézuò	동	합작하다, 협력하다
☐ 份	fèn	양	인분[일인당 먹을 음식의 양을 세는 단위]
☐ 合	hé	동	(입맛에) 맞다, 적합하다
☐ 味口	wèikǒu	명	입맛
☐ 哇	wa	감	와, 아[뜻밖의 놀람을 나타냄]
☐ 流利	liúlì	형	(말, 문장이) 유창하다
☐ 差	chà	형	표준에 못 미치다, 못하다
☐ 发音	fāyīn	명	발음
☐ 虽然	suīrán	접	비록 ~일지라도, 설령 ~라도
☐ 不太	bú tài		그다지 ~하지 않다
☐ 可是	kěshì	접	그러나, 하지만
☐ 近来	jìnlái	명	근래, 요즘, 최근
☐ 发展	fāzhǎn	동	발전하다, 확대 발전시키다
☐ 比较	bǐjiào	부	비교적
☐ 发	fā	동	보내다, 건네다, 부치다, 발송하다
☐ 产品	chǎnpǐn	명	제품
☐ 报价单	bàojiàdān	명	(상품 가격의) 견적서
☐ 上周	shàngzhōu	명	지난주
☐ 收到	shōudào	동	받다, 얻다, 수령하다
☐ 对……感兴趣	duì……gǎnxìngqu	동	~에 대해 흥미가 있다, 관심이 있다
☐ 支持	zhīchí	동	지지하다
☐ 再次	zàicì	부	재차, 거듭, 다시 한번
☐ 愉快	yúkuài	형	기쁘다, 유쾌하다
☐ 祝	zhù	동	기원하다, 축복하다
☐ 生意	shēngyi	명	장사, 사업, 비즈니스(business), 거래

韩万恩　马总，您好！您好！请进！
　　　　Mǎ zǒng,　nín hǎo!　Nín hǎo!　Qǐng jìn!

　　　　您是贵宾，请坐这儿吧。
　　　　Nín shì guìbīn,　qǐng zuò zhèr ba.

马总　谢谢！我们这次给贵公司添了不少麻烦。
　　　Xièxie!　Wǒmen zhè cì gěi guì gōngsī tiān le bù shǎo máfan.

韩万恩　哪里哪里，我们很高兴跟贵公司合作。
　　　　Nǎli nǎli,　wǒmen hěn gāoxìng gēn guì gōngsī hézuò.

　　　　我们为您点了一份牛排，不知道合不合您的味口。
　　　　wǒmen wèi nín diǎn le yí fèn niúpái,　bù zhīdào hé bu hé nín de wèikǒu.

马总　정말 맛있습니다! (真好吃啊!)
　　　　　　　　Zhēn hǎochī a!

　　　你觉得我韩语说得怎么样？
　　　Nǐ juéde wǒ Hányǔ shuō de zěnmeyàng?

韩万恩　哇~ 您说韩语说得真流利。
　　　　Wa~　nín shuō Hányǔ shuō de zhēn liúlì.

马总　哪里哪里，还差得远呢。
　　　Nǎli nǎli,　hái chà de yuǎn ne.

> **Tip**
> '还差得远呢(아직 멀었습니다.)'
> 다른 사람이 자신의 능력을 칭찬할
> 때 답하는 말로 겸손을 나타낸다.

韩万恩　发音也很不错。
　　　　Fāyīn yě hěn búcuò.

　　　　虽然我两年前学过一点儿汉语，但是说得不太好。
　　　　Suīrán wǒ liǎng nián qián xuéguo yìdiǎnr Hànyǔ,　dànshì shuō de bútài hǎo.

　　　　我觉得汉语有意思是有意思，可是有点儿难。
　　　　Wǒ juéde Hànyǔ yǒu yìsi shì yǒu yìsi,　kěshì yǒudiǎnr nán.

专务　近来公司发展得怎么样？
Jìnlái gōngsī fāzhǎn de zěnmeyàng?

马总　比较顺利。贵公司发来的产品报价单，
Bǐjiào shùnlì.　Guì gōngsī fā lái de chǎnpǐn bàojiàdān,

上周我们就收到了。
shàngzhōu wǒmen jiù shōudào le.

我们对你们公司的产品感兴趣。
Wǒmen duì nǐmen gōngsī de chǎnpǐn gǎnxìngqù.

专务　谢谢贵公司对我们的支持。
Xièxie guì gōngsī duì wǒmen de zhīchí.

马总，为我们的再次合作干杯！
Mǎ zǒng,　wèi wǒmen de zàicì hézuò gānbēi!

马总　干杯！希望我们合作愉快。
Gānbēi!　Xīwàng wǒmen hézuò yúkuài.

祝你们的生意越做越好！
Zhù nǐmen de shēngyi yuè zuò yuè hǎo!

1. 상태보어

상태보어: 술어 뒤에 구조조사 '得'를 동반하여 술어의 동작이나 행위, 성질이나 상태를 묘사.

★참고 '그는 빨리 말한다.' 한국어에서는 '빨리'가 부사가 되지만,
중국어에서는 '그가 말한다. 빨리'로 보어가 되는 것이다.

★ 긍정형: 주어 + 동사 + 得 + 상태보어(형용사)

동사와 상태보어 사이에 구조조사 '得(de)'를 넣어 말한다.

- 他吃得很快。 그는 빨리 먹습니다.
  Tā chī de hěn kuài.

- 她说得很好。 그녀는 말을 잘 합니다.
  Tā shuō de hěn hǎo.

- 我买得很多。 나는 많이 샀습니다.
  Wǒ mǎi de hěn duō.

★ 부정형: 주어 + 동사 + 得 + 不 + 상태보어(형용사)

- 他唱得不好。 그는 노래를 잘 못 합니다.
  Tā chàng de bù hǎo.

- 我打得不好。 나는 잘 못 칩니다.
  Wǒ dǎ de bù hǎo.

- 我买得不多。 나는 많이 사지 않았습니다.
  Wǒ mǎi de bù duō.

☐ 唱 chàng 동 노래하다
☐ 打 dǎ 동 (놀이·운동을) 하다

★ 의문형: 주어 + 동사 + 得 + 상태보어(형용사) + 吗?

주어 + 동사 + 得 + 상태보어 정반의문문(형용사 + 不 + 형용사)?

- 他说得快吗? Tā shuō de kuài ma? 그는 말이 빠릅니까?
  (= 他说得快不快? Tā shuō de kuài bu kuài?)

- 他的汉字写得好吗? Tā de Hànzì xiě de hǎo ma? 그는 한자를 잘 씁니까?
  (= 他的汉字写得好不好? Tā de Hànzì xiě de hǎo bu hǎo?)

- 昨天休息得好吗? Zuótiān xiūxi de hǎo ma? 어제 잘 쉬었습니까?
  (= 昨天休息得好不好? Zuótiān xiūxi de hǎo bu hǎo?)

★ 목적어가 있을 때

(주의점) 목적어를 수반할 경우 동사를 반복하여 한번 더 써 준다.

이때 앞의 동사는 생략이 가능하다.

어순: **주어 + (동사) + 목적어 + 동사 + 得 + 상태보어 (형용사)**

- 她　　(说)　　汉语　　说　　得　　很好。그녀는 중국어를 아주 잘 합니다.
  Tā　(shuō)　Hànyǔ　shuō　de　hěn hǎo.

- 我　　(买)　　东西　　买　　得　　很多。나는 물건을 많이 샀습니다.
  Wǒ　(mǎi)　dōngxi　mǎi　de　hěn duō.

- 我　　(打)　　网球　　打　　得　　不好。나는 테니스를 잘 못 칩니다.
  Wǒ　(dǎ)　wǎngqiú　dǎ　de　bù hǎo.

(★참고)

★ 강조하는 정도보어의 표현들

정도보어는 술어가 어떤 상태인지 어떤 모습인지 정도나 상태에 대해 보충, 설명한다.

① 得 뒤에 정도부사 '很'은 단독으로 상태의 정도를 강조할 수 있다.('굉장히, 매우')

　　형용사 + 得 + 很

- 最近他忙得很。요즘 그는 매우 바쁩니다.
  Zuìjìn tā máng de hěn.

- 他们高兴得很。그들은 매우 기쁩니다.
  Tāmen gāoxìng de hěn.

② **형용사 + 得 + 要命 yàomìng / 不得了 bùdéliǎo 등**

- 今天热得要命。오늘 너무 덥습니다.
  Jīntiān rè de yàomìng.

- 最近累得不得了。요즘 너무 피곤합니다.
  Zuìjìn lèi de bùdéliǎo.

'坏了'는 동사나 형용사 뒤에 붙어 몸이나 기분이 몹시 불편한 상태에 달했음을 나타내며, 단지 심한 정도만을 나타낼 때도 있음

③ **형용사, 동사 + 极了 jíle / 死了 sǐle / 坏了 huàile**

(★구조조사 '很'가 없음에 주의한다。)

- 好极了。Hǎo jíle. 매우 좋습니다.
- 饿死了。È sǐle. 배고파 죽겠습니다.
- 饿坏了。È huàile. 매우 배가 고픕니다.

☐ 要命 yào//mìng 〔형〕 심하다. 죽을 지경이다
☐ 不得了 bùdéliǎo 〔형〕 매우 심하다

짚어보기

1 **虽然**我两年前学过一点儿汉语，**但是**说得不太好。

'비록 A일지라도 (~임에도 불구하고) 그러나 B이다.'라는 뜻의 전환관계의 복문이다.
'虽然'은 앞절 주어의 앞뒤에 모두 올 수 있으나 '但是'는 반드시 뒷절의 맨 앞에 위치한다.

- 虽然学汉语有点儿难，但是很有意思。
  Suīrán xué Hànyǔ yǒudiǎnr nán, dànshì hěn yǒu yìsi.
  중국어를 공부하는 것은 조금 어렵지만 재미있습니다.
- 虽然工作压力很大，但是我很喜欢我的工作。
  Suīrán gōngzuò yālì hěn dà, dànshì wǒ hěn xǐhuan wǒ de gōngzuò.
  일하는 것은 스트레스가 크지만, 저는 제 일을 아주 좋아합니다.
- 虽然我想帮你，但是最近没有时间。
  Suīrán wǒ xiǎng bāng nǐ, dànshì zuìjìn méiyǒu shíjiān.
  당신을 도와주고 싶지만, 요즘 시간이 없습니다.
- 虽然他从来没有来过韩国，但是他会说韩语。
  Suīrán tā cónglái méiyǒu láiguo Hánguó, dànshì tā huì shuō Hányǔ.
  그는 지금껏 한국에 와 본 적이 없지만, 한국어를 할 줄 압니다.

□ **压力 yālì** 명 (주로 정신적, 심리적인)
　　스트레스, 압력

2 我们**对**你们公司的产品**感兴趣**。

'感兴趣'는 '흥미를 느끼다, 관심을 가지다'라는 뜻이다.
'A对B感兴趣: A는 B에 대해 흥미를 갖다.'의 형태로 많이 쓰인다.

- 我感兴趣的是高尔夫。　나는 골프에 흥미가 있습니다.
  Wǒ gǎnxìngqù de shì gāo'ěrfū.
- 我们对这个方案感兴趣。　우리는 이 프로젝트에 대해 관심이 있습니다.
  Wǒmen duì zhè ge fāng'àn gǎnxìngqù.
- 我对中国历史感兴趣。　나는 중국 역사에 대해 흥미를 느낍니다.
  Wǒ duì Zhōngguó lìshǐ gǎnxìngqù.
- 我对你们出口的样品很感兴趣。　나는 당신들의 수출 샘플에 대해 관심이 있습니다.
  Wǒ duì nǐmen chūkǒu de yàngpǐn hěn gǎnxìngqù.

□ **方案 fāng'àn** 명 방안, 프로젝트
□ **历史 lìshǐ** 명 역사
□ **出口 chūkǒu** 동 수출하다
□ **样品 yàngpǐn** 명 샘플, 견본품

1 近来公司发展得怎么样?

- 她长得怎么样?
  Tā zhǎng de zěnmeyàng?

- 昨晚睡得怎么样?
  Zuówǎn shuì de zěnmeyàng?

- 日程安排得怎么样?
  Rìchéng ānpái de zěnmeyàng?

- 他说汉语说得怎么样?
  Tā shuō Hànyǔ shuō de zěnmeyàng?

☐ 日程 rìchéng 명 일정

2 祝你们的生意越做越好!

- 祝你生日快乐!
  Zhù nǐ shēngrì kuàile!

- 祝您幸福!
  Zhù nín xìngfú!

- 祝你新年快乐!
  Zhù nǐ xīnnián kuàilè!

- 祝你身体健康, 天天开心。
  Zhù nǐ shēntǐ jiànkāng, tiāntiān kāixīn.

☐ 快乐 kuàilè 형 즐겁다, 유쾌하다
☐ 新年 xīnnián 명 새해
☐ 天天 tiāntiān 부 매일, 날마다
☐ 开心 kāi//xīn 형 유쾌하다, 즐겁다

듣기

녹음을 잘 듣고 일치하는 그림을 고르시오.  43

A. 

B. 

C. 

D. 

① ______________ ② ______________ ③ ______________ ④ ______________

말하기

회화 내용을 숙지한 후, 다음 질문에 대답하시오.

1 韩万恩觉得马总韩语说得怎么样?

2 韩万恩觉得自己学汉语学得怎么样?

3 韩万恩什么时候学过汉语?

4 近来马总公司发展得怎么样?

다음 문장을 읽고 관련된 답을 고르시오.

A 你的爱好是什么?
B 人民币五百块。
C 谢谢你的礼物。
D 不错。谢谢贵公司的安排。

1 祝你生日快乐！ （　　　）

2 我对钓鱼感兴趣。 （　　　）

3 马总，昨晚休息得好吗? （　　　）

4 有押金吗? （　　　）

钓鱼 diàoyǔ 동 낚시하다
押金 yājīn 명 보증금, 담보금, 선금

아래의 제시된 단어를 의미에 맞게 배열하시오.

1 哪里哪里　呢　还　远　差　得

→ ＿＿＿＿＿＿＿＿＿＿＿＿＿＿＿＿＿＿＿＿。

2 我　打　网球　打　不　得　好

→ ＿＿＿＿＿＿＿＿＿＿＿＿＿＿＿＿＿＿＿＿。

3 得　唱　不　他　好

→ ＿＿＿＿＿＿＿＿＿＿＿＿＿＿＿＿＿＿＿＿。

4 对　我　感兴趣　中国　历史

→ ＿＿＿＿＿＿＿＿＿＿＿＿＿＿＿＿＿＿＿＿。

TSC 필수 어휘

□ 咸	xián	형 짜다
□ 辣	là	형 맵다
□ 酸	suān	형 시다
□ 苦	kǔ	형 쓰다
□ 甜	tián	형 달다
□ 加酱油	jiā jiàngyóu	간장을 넣다
□ 搁盐	gē yán	소금을 넣다
□ 放糖	fàng táng	설탕을 넣다
□ 上菜	shàng//cài	동 (음식이) 나오다
□ 做客	zuò//kè	동 손님이 되다, 방문하다
□ 蒸煮袋	zhēngzhǔdài	명 (데우기만 하면 바로 되는) 즉석요리
□ 方便食品	fāngbiàn shípǐn	명 인스턴트식품
□ 绿色食品	lùsè shípǐn	명 녹색식품, 무공해식품
□ 有机食品	yǒujī shípǐn	명 유기농식품

TSC 필수 관용어 & 사자성어

□ 东道主	dōngdàozhǔ	(손님을 초대한) 주인, 주최측, 초대자
□ 露一手	lòu yìshǒu	솜씨를 보여주다
□ 人是铁，饭是钢	rén shì tiě, fàn shì gāng	사람이 무쇠라면 밥은 강철이다, 먹어야 힘이 난다
□ 民以食为天	mínyǐshíwéitiān	식량은 사람에게 가장 중요한 필수품이다

1 看图回答　(준비시간: 3秒 / 대답시간 6秒)　🎧 45

（3秒）　提示音＿＿＿＿＿＿（6秒）＿＿＿＿＿＿结束。

2 看图回答　(준비시간: 3秒 / 대답시간 6秒)　🎧 46

（3秒）　提示音＿＿＿＿＿＿（6秒）＿＿＿＿＿＿结束。

3 快速回答　(준비시간: 2秒 / 대답시간 15秒)　🎧 47

（2秒）　提示音＿＿＿＿（15秒）＿＿＿＿结束。

4 简短回答　(준비시간: 15秒 / 대답시간 25秒)　🎧 48

问）　你有什么爱好？

（15秒）　提示音＿＿＿＿（25秒）＿＿＿＿结束。

▶ **餐厅** cāntīng 식당 🎧 49

- **餐具** cānjù 식기도구

- **桌子** zhuōzi 테이블

- **椅子** yǐzi 의자

- **勺子** sháozi 숟가락

- **筷子** kuàizi 젓가락

- **叉子** chāzi 포크

- **碟子** diézi 접시

- **盘子** pánzi 쟁반, 큰 접시

- **汤碗** tāngwǎn 국그릇

- **饭碗** fànwǎn 밥그릇

- **茶杯** chábēi 찻잔

- **餐巾纸** cānjīnzhǐ 냅킨

- **湿毛巾** shīmáojīn 물수건

- **壶** hú 주전자

- **菜单** càidān 메뉴판

- **矿泉水** kuàngquánshuǐ 광천수, 생수

- **牙签** yáqiān 이쑤시개

제**06**과

今天又得加班。

Jīntiān yòu děi jiābān.

주요 학습 내용

결과보어① / 미래 임박태 / 尽量

1
我们很高兴跟贵公司合作。
Wǒmen hěn gāoxìng gēn guì gōngsī hézuò.

2
您说韩语说得真流利。
Nín shuō Hányǔ shuō de zhēn liúlì.

3
哪里哪里，还差得远呢。
Nǎli nǎli, hái chà de yuǎn ne.

4
我觉得汉语有意思是有意思，可是有点儿难。
Wǒ juéde Hànyǔ yǒu yìsi shì yǒu yìsi, kěshì yǒudiǎnr nán.

5
我们对你们公司的产品感兴趣。
Wǒmen duì nǐmen gōngsī de chǎnpǐn gǎnxìngqù.

就要	jiùyào	부	멀지 않아, 곧[상황이 곧 발생함을 나타냄]
中秋节	Zhōngqiū Jié	명	중추절, 추석
回	huí	동	돌아가다, 돌아오다
老家	lǎojiā	명	고향
釜山	Fǔshān	고유	부산(지명)
堵	dǔ	동	막히다
火车	huǒchē	명	기차
票	piào	명	표, 티켓
方便	fāngbiàn	형	편리하다
材料	cáiliào	명	자료, 데이터(Data)
完成	wánchéng	동	완성하다, (예정대로) 끝내다, 완수하다
格式	géshi	명	격식, 양식, (파일)형식
整理	zhěnglǐ	동	정리하다
向	xiàng	개	~ (으)로, ~에게, ~을(를) 향하여
董事长	dǒngshìzhǎng	명	회장
报告	bàogào	동 명	보고하다, 보고서, 리포트
尽量	jǐnliàng	부	가능한 한, 되도록, 될 수 있는 대로
快要	kuàiyào	부	곧, 머지않아 ~하다
又	yòu	부	또, 다시, 거듭 [어떤 동작이나 상황이 중복되거나 계속됨을 나타냄]
得	děi	조동	~해야 한다
加班	jiā//bān	동	야근하다
走	zǒu	동	걷다, 떠나다, 가다
慢慢儿	mànmānr	부	천천히
慢走	mànzǒu	동	안녕히 가세요, 조심히 가세요, 살펴 가세요

高大路　下个星期就要过中秋节了。
Xià ge xīngqī jiùyào guò Zhōngqiū Jié le.

你回老家吗？
Nǐ huí lǎojiā ma?

房贵男　我家在首尔。　您的老家在哪儿？
Wǒ jiā zài Shǒu'ěr.　Nín de lǎojiā zài nǎr?

高大路　我老家在釜山。
Wǒ lǎojiā zài Fǔshān.

开车吧，怕堵；坐火车吧，又怕买不到票。
Kāichē ba,　　pà dǔ;　　zuò huǒchē ba,　　yòu pà mǎibudào piào.

房贵男　还是坐飞机吧。　又快又方便。
Háishi zuò fēijī ba.　Yòu kuài yòu fāngbiàn.

韩万恩　房贵男！
Fáng Guìnán!

我上周跟你说的材料准备好了吗？
Wǒ shàngzhōu gēn nǐ shuō de cáiliào zhǔnbèi hǎo le ma?

房贵男　嗯，快完成了。
Ǹg,　kuài wánchéng le.

明天中午前发给您。
Míngtiān zhōngwǔ qián fā gěi nín.

韩万恩　不好意思，你能用PPT格式整理一下吗？
Bù hǎoyìsi,　Nǐ néng yòng PPT géshi zhěnglǐ yíxià ma?

房贵男　好的，没问题。
Hǎo de,　méi wèntí.

韩万恩　后天上午要向董事长报告，尽量快一点儿吧。
Hòutiān shàngwǔ yào xiàng dǒngshìzhǎng bàogào, jǐnliàng kuài yìdiǎnr ba.

房贵男　知道了。
Zhīdao le.

高大路　快要下班了，一起吃晚饭吧。
Kuàiyào xiàbān le,　yìqǐ chī wǎnfàn ba.

房贵男　已经七点了，今天又得加班。
Yǐjīng qī diǎn le,　jīntiān yòu děi jiābān.

高大路　那我先走了，你慢慢儿做吧。
Nà wǒ xiān zǒu le,　nǐ mànmānr zuò ba.

别忘了吃点儿东西。
Bié wàng le chī diǎnr dōngxi.

房贵男　好的，慢走！
Hǎo de,　màn zǒu !

1. 결과보어①

결과보어: 동작의 결과를 보충 설명하는 것.

- 吃饱 chī bǎo 먹다 + 배부르다 = 먹었는데 배부르다
- 说错 shuōcuò 말하다 + 틀리다 = 말했는데 틀렸다

이와 같이 동사 바로 뒤에 동사 또는 형용사를 붙여 동작동사의 결과가 어떻게 되었는지를 나타내는 성분이 바로 결과보어이다.　결과보어가 되는 것은 동사와 형용사

★ 긍정형: 동사 + 결과보어(동사/형용사) + 了

| 看 | 完 | 了。 다 봤습니다. |
| Kàn | wán | le. |

★ 부정형: 没(有) + 동사 + 결과보어(동사/형용사)

| 没(有) | 看 | 完。 다 보지 못했습니다. |
| Méiyǒu | kàn | wán. |

주의! 부정형에서 '了'를 쓰지 않음

★ 의문형: 동사 + 결과보어(동사/형용사) + (了) + 吗?

　　　　　동사 + 결과보어(동사/형용사) + (了) + 没有?

- 看完了吗? kàn wán le ma? (= 看完了没有? kàn wán le méiyǒu?) 다 봤습니까?

★ 주요 결과보어

결과보어 (동사, 형용사)	의미	앞에 오는 동사
到 dào	목적 달성, 도달 시점 / 지점	看, 买, 找, 遇, 骑, 说 kàn, mǎi, zhǎo, yù, qí, shuō
完 wán	완료, 완성	看, 吃, 说, 做, 办, 听 kàn, chī, shuō, zuò, bàn, tīng
好 hǎo	완성(만족할 만한 상태가 됨)	准备, 安排, 放, 做, 修 zhǔnbèi, ānpái, fàng, zuò, xiū
懂 dǒng	알다, 이해함	听, 看 tīng, kàn
清楚 qīngchu	분명함	看, 听, 说, 写, 讲 kàn, tīng, shuō, xiě, jiǎng
见 jiàn	무의식적인 대상의 감지	看, 听, 遇, 闻, 碰 kàn, tīng, yù, wén, pèng
惯 guàn	익숙하다	吃, 穿, 住, 用, 写 chī, chuān, zhù, yòng, xiě

★ 자주 호응하는 동사와 결과보어는 외워 두는 것이 좋다. (* 7과에서 결과보어② 학습)

• 今天我们**说到**这儿吧。 우리 오늘 여기까지 이야기 합시다.
  Jīntiān wǒmen shuōdào zhèr ba.

• 我**写好**了报告。 나는 보고서를 다 썼습니다.
  Wǒ xiěhǎo le bàogào.

• 他没**听懂**我说的话。 그는 내가 말한 것을 이해하지 못했습니다.
  Tā méi tīngdǒng wǒ shuō de huà.

• 你**听清楚**了吗? 당신은 잘 알아들었습니까?
  Nǐ tīng qīngchu le ma?

• 刚才我**看见**金部长了。 방금 나는 김 부장님을 봤습니다.
  Gāngcái wǒ kànjiàn Jīn bùzhǎng le.

• 我已经**吃惯**了中国菜。 나는 이미 중국음식에 익숙해졌습니다.
  Wǒ yǐjīng chīguàn le Zhōngguócài.

□ 遇 yù [동] (우연히) 만나다
□ 修 xiū [동] 수리하다, 고치다
□ 闻 wén [동] (냄새를) 맡다
□ 碰 pèng [동] (우연히) 만나다, 마주치다, 부딪치다

2. 미래 임박태

① 가까운 미래에 어떤 상황이 변화하려고 하거나 곧 발생할 것임을 나타낸다.

  要……了 yào…… le : 곧 ~할 것이다, 곧 ~일 것이다

• 我**要**结婚**了**。 Wǒ yào jiéhūn le. 나는 곧 결혼합니다.

② 시간의 더 긴박함을 표현할 때 '就'나 '快'를 붙여 준다.

  就要……了 jiùyào…… le / 快要……了 kuàiyào…… le

• 电影**就要**开始**了**。 Diànyǐng jiùyào kāishǐ le. 영화가 곧 시작됩니다.

• 飞机**快要**起飞**了**，请系好安全带。 곧 이륙하겠습니다. 안전벨트를 매 주세요.
  Fēijī kuàiyào qǐfēi le, qǐng jìhǎo ānquándài.

(주의!) ① '快要……了'는 '快……了'로 쓸 수 있다.
  ② 시간사와 함께 쓸 경우 '快要……了 / 快……了'는 쓸 수 없다.

★ 의문형은 '吗의문문'을 쓰며, 그 대답이 부정일 경우 '还没……呢'로 표현한다.

A: 飞机**快要**起飞**了吗**? Fēijī kuàiyào qǐfēi le ma? 비행기는 곧 이륙합니까?

B: 飞机**还没**起飞**呢**。 Fēijī hái méi qǐfēi ne. 비행기는 아직 이륙하지 않았습니다.

□ 系 jì [동] 연결하다, 묶다, 매다
□ 安全带 ānquándài [명] 안전 벨트
□ 起飞 qǐfēi [동] 이륙하다

1 开车吧，怕堵；坐火车吧，又怕买不到票。

두 가지 상황의 가정하에 망설이며 결정하지 못함을 나타낸다.
'~하자니 ~하고, ~하자니 ~하다.'

- 周末的时候，在家吧，太无聊；出去看电影吧，太麻烦。
  Zhōumò de shíhou, zài jiā ba, tài wúliáo; chūqù kàn diànyǐng ba, tài máfan.
  주말에 집에 있자니 심심하고, 나가서 영화를 보자니 너무 귀찮습니다.

- 吃拉面吧，怕胖；不吃吧，肚子又很饿。减肥真痛苦啊。
  Chī lāmiàn ba, pà pàng; bù chī ba, dùzi yòu hěn è. Jiǎnféi zhēn tòngkǔ a.
  라면을 먹자니 살이 찔까봐 두렵고, 안 먹자니 너무 배고픕니다. 다이어트는 너무 괴롭습니다.

- 拿雨伞吧，太重；不拿吧，担心会下雨。
  Ná yǔsǎn ba, tài zhòng; bù ná ba, dānxīn huì xiàyǔ;
  우산을 가져가자니 무겁고, 안 가져가자니 비가 올까 봐 걱정됩니다.

> - 无聊 wúliáo 〔동〕 심심하다
> - 拉面 lāmiàn 〔명〕 라면
> - 肚子 dùzi 〔명〕 배
> - 减肥 jiǎn//féi 〔동〕 살을 빼다, 다이어트하다
> - 痛苦 tòngkǔ 〔형〕 고통스럽다, 괴롭다
> - 雨伞 yǔsǎn 〔명〕 우산
> - 担心 dān//xīn 〔동〕 걱정하다

2 后天上午要向董事长报告，尽量快一点儿吧。

'가능한 한, 되도록, 될 수 있으면, 될 수 있는 대로, 능력이 닿는 대로' 최대 가능한 범위에서 최선을 다하겠다는 느낌을 전달한다. (= 尽可能 jìnkěnéng)

- 我尽量帮助你。 최대한 당신을 돕겠습니다.
  Wǒ jǐnliàng bāngzhù nǐ.

- 明天你们尽量早点儿出发吧。 내일 최대한 일찍 출발하세요.
  Míngtiān nǐmen jǐnliàng zǎo diǎnr chūfā ba.

- 你知道的尽量告诉我。 알고 있는 대로 저에게 알려 주세요.
  Nǐ zhīdao de jǐnliàng gàosu wǒ.

- 请您明天尽量参加吧。 내일 되도록이면 참가하세요.
  Qǐng nín míngtiān jǐnliàng cānjiā ba.

> - 帮助 〔동〕 bāngzhù 돕다

1 下个星期就要<u>过</u>中秋节了。

- 最近你过得怎么样?
  Zuìjìn nǐ guò de zěnmeyàng?

- 最近我过得还可以。
  Zuìjìn wǒ guò de hái kěyǐ.

- 时间过得真快啊!
  Shíjiān guò de zhēn kuài a!

- 中国人过生日的时候,吃长寿面。
  Zhōngguórén guò shēngrì de shíhou, chī chángshòumiàn.

□ 长寿面 chángshòumiàn
형 장수면[생일날 먹는 국수]

2 那我先走了。

- 我先简单介绍一下我们公司。
  Wǒ xiān jiǎndān jièshào yíxià wǒmen gōngsī.

- 你先跟金总打招呼吧。
  Nǐ xiān gēn Jīn zǒng dǎ zhāohu ba.

- 你不要生气,先听我说。
  Nǐ bú yào shēngqì, xiān tīng wǒ shuō.

- 你们先洗手吧。
  Nǐmen xiān xǐ shǒu ba.

□ 简单 jiǎndān 형 간단하다
□ 打招呼 dǎ zhāohu 동 인사하다,
　　　　　　　　　　　인사를 나누다
□ 不要 búyào ~하지 마라
□ 手 shǒu 명 손

 듣기

녹음을 잘 듣고 일치하는 그림을 고르시오. 🎧 53

A. 

B. 

C. 

D. 

① ______________ ② ______________ ③ ______________ ④ ______________

 말하기

회화 내용을 숙지한 후, 다음 질문에 대답하시오.

1 高大路的老家在哪儿?

2 高大路开车回老家的话，怕什么?

3 今天房贵男跟高大路一起吃晚饭了吗?

4 房贵男今天为什么得加班?

다음 문장을 읽고 관련된 답을 고르시오.

> A 最近过得怎么样？
> B 我上周跟你说的材料准备好了吗？
> C 今天我得加班。
> D 你听清楚了吗？

1 还可以。　　　　　　　　　　　　　　　（　　　）

2 要下班了，下班后一起喝杯酒吧。　　　　（　　　）

3 还没有。　　　　　　　　　　　　　　　（　　　）

4 请再说一遍，好吗？　　　　　　　　　　（　　　）

아래의 제시된 단어를 의미에 맞게 배열하시오.

1 到　我们　说　今天　这儿　吧

→ ____。

2 他　懂　我　说　听　没　的　话

→ ____。

3 跟　金总　打招呼　吧　先　你

→ ____。

4 你们　尽量　明天　早　出发　点儿　吧

→ ____。

TSC 필수 어휘

面试	miànshì	동 면접을 보다
招聘	zhāopìn	동 (공모 방식으로) 초빙하다, 모집하다
财务	cáiwù	명 재무
购买	gòumǎi	동 구매하다, 구입하다
营业	yíngyè	동 영업하다
粗心	cūxīn	형 세심하지 못하다
仔细	zǐxì	형 세심하다, 꼼꼼하다
负责	fùzé	동 책임을 지다
业务	yèwù	명 업무
跳槽	tiào//cáo	동 직업을 바꾸다
退休	tuìxiū	동 퇴직하다
稳定	wěndìng	형 안정적이다
将来	jiānglái	명 장래
就业	jiù//yè	동 취업하다

TSC 필수 관용어 & 사자성어

踢皮球	tī píqiú	책임을 떠넘기다
卖关子	mài guānzi	뜸 들이다
吃鸭蛋	chī yādàn	빵점을 맞다
一锅粥	yì guō zhōu	뒤죽박죽

1　看图回答　（준비시간: 3秒 / 대답시간 6秒）　🎧 55

（3秒）　提示音＿＿＿＿＿（6秒）＿＿＿＿＿结束。

2　看图回答　（준비시간: 3秒 / 대답시간 6秒）　🎧 56

（3秒）　提示音＿＿＿＿＿（6秒）＿＿＿＿＿结束。

3　快速回答　（준비시간: 2秒 / 대답시간 15秒）　🎧 57

（2秒）　提示音＿＿＿＿（15秒）＿＿＿＿结束。

4　简短回答　（준비시간: 15秒 / 대답시간 25秒）　🎧 58

问）　你加过班吗?

（15秒）　提示音＿＿＿＿（25秒）＿＿＿＿结束。

중국의 명절

• 중국의 4대 명절

春节(Chūnjié), 清明节(Qīngmíng Jié),

端午节(Duānwǔ Jié), 中秋节(Zhōngqiū Jié)

春节(Chūnjié) : 중국 최대 명절인 '春节'는 음력 1월 1일로 우리나라 설에 해당된다. 이 때 중국인들은 집집마다 '春联(chūnlián 춘련)'을 붙이며 한 해의 복을 기원한다. 특이한 점으로는 '복(福)'자를 거꾸로 붙이는 풍습이 있다. 이는 중국에서 '거꾸로 倒(dǎo)'라는 뜻의 단어가 '오다 到(dào)'라는 단어와 발음이 같아 '복이 오길 바란다'는 의미에서다. 음력 12월 31일 춘절 하루 전날 밤인 '제석(除夕)'에는 가족들이 모여 '年夜饭(nián yè fàn 섣달그믐날밤 온 가족이 모여 함께 먹는 음식)'을 먹기도 하고, 이야기도 나누고, 마작도 하며 밤을 지새우는데 자정 12시가 되면 천지를 뒤흔드는 요란한 폭죽소리가 새해의 시작을 알린다. 그 이유는 새해 축하와 풍년을 기원하고 귀신을 쫓기 위함이라고 한다. 춘절 아침, 북방 사람들은 '饺子(jiǎozi 만두)'를 먹고, 남방 사람들은 '年糕(niángāo 떡요리)'와 '汤圆(tāngyuán 탕위안)'을 먹는다. 이후 친지나 이웃을 방문해서 새해 인사를 하고 어른들은 아이들에게 '压岁钱(yāsuìqián 세뱃돈)'을 '红包(hóngbāo 빨간봉투)'에 담아 챙겨 주기도 한다.

清明节(Qīngmíng Jié) : 24절기의 하나로 양력으로는 4월 4일 또는 5일이 되는 날이다. 날씨가 따뜻해지고 새싹이 돋아나 청명한 느낌이 들어 붙여진 이름이라고 한다. 보통 청명절에는 집집마다 풍성한 음식을 준비해 조상의 무덤을 찾아가서 제사를 지내며 '青团子(qīngtuánzi 청단자)'를 먹는다.

端午节(Duānwǔ Jié) : 2000년 역사를 가진 전통 명절로 음력 5월 5일이다. 이날 중국에서는 우리의 약밥과 비슷한 '粽子(zòngzi 쫑즈)'를 먹고, 용주경기(중국의 전통 민간 체육활동으로 용모양의 배를 타고 노를 젓는 운동 경기)를 즐긴다.

中秋节(Zhōngqiū Jié) : 음력 8월 15일은 우리나라의 추석에 해당한다. 2008년 공휴일로 지정된 이래 춘절 다음으로 중요한 전통 명절로 자리잡고 있다. 이날은 달맞이를 하며 '月饼(yuèbing 월병)'을 먹는다. 월병의 둥근 모양은 보름달과 가족의 단란함을 상징한다.

汤圆

青团子

粽子

月饼

▶ 单位 dānwèi 단위  59

长度 chángdù 길이

- 公里 gōnglǐ 킬로미터(km)
- 米 mǐ 미터(m)
- 厘米 límǐ / 公分 gōngfēn 센티미터(cm)
- 毫米 háomǐ 밀리미터(mm)

重量 zhòngliàng 무게, 중량

- 公斤 gōngjīn 킬로그램(kg)
- 克 kè 그램(g)
- 毫克 háokè 밀리그램(mg)
- 斤 jīn 근(= 500g)
- 吨 dūn 톤(ton)

容积 róngjī 부피

- 升 shēng 리터(ℓ)
- 毫升 háoshēng 밀리리터(㎖)

面积 miànjī 면적

- 平方米 píngfāngmǐ 제곱미터(m²)

제07과

上班族的一天真累呀！
Shàngbānzú de yìtiān zhēn lèi ya!

주요 학습 내용

겸어문 / 결과보어②

1 下个星期就要过中秋节了。
Xià ge xīngqī jiùyào guò Zhōngqiū Jié le.

2 还是坐飞机吧。 又快又方便。
Háishi zuò fēijī ba.　　Yòu kuài yòu fāngbiàn.

3 我上周跟你说的材料准备好了吗?
Wǒ shàngzhōu gēn nǐ shuō de cáiliào zhǔnbèi hǎo le ma?

4 后天上午要向董事长报告，尽量快一点儿吧。
Hòutiān shàngwǔ yào xiàng dǒngshìzhǎng bàogào, jǐnliàng kuài yìdiǎnr ba.

5 今天又得加班。
Jīntiān yòu děi jiābān.

□ 看起来	kàn qǐlai	동	보아하니, 보기에 ~인 것 같다
□ 心事	xīnshì	명	걱정거리, 시름, 고민
□ 满意	mǎnyì	형	만족하다, 흡족하다
□ 让	ràng	동	~하게 하다, ~하게 시키다
□ 重新	chóngxīn	부	다시, 재차, (방식이나 내용을 바꾸어) 새로
□ 改	gǎi	동	고치다, 바꾸다, 수정하다
□ 具体	jùtǐ	형	구체적이다
□ 内容	nèiróng	명	내용
□ 充足	chōngzú	형	충분하다, 충족하다
□ 样式	yàngshì	명	형식, 모양, 스타일
□ 新颖	xīnyǐng	형	신선하다, 참신하다
□ 图表	túbiǎo	명	도표, 그림표
□ 样本	yàngběn	명	견본, 샘플(sample)
□ 邮件	yóujiàn	명	메일
□ 拜托	bàituō	동	부탁하다
□ 改天	gǎitiān	명	후일, 다른 날, 나중
□ 请	qǐng	동	부탁하다, 초청하다, 초대하다, 한턱 내다
□ 久	jiǔ	형	오래다, (시간이) 길다
□ 要是	yàoshi	접	만약, 만약 ~라면
□ 上班族	shàngbānzú	명	출퇴근족, 샐러리맨, 회사원
□ 一天	yìtiān	명	하루
□ 正点	zhèngdiǎn	명	정시, 정각, 규정된 시각

房贵男　今天你也加班吗？
Jīntiān nǐ yě jiābān ma?

李雪莉　嗯，你看起来好像有心事，怎么了？
Ng, nǐ kàn qǐlai hǎoxiàng yǒu xīnshì, zěnme le?

房贵男　还不是因为部长！
Hái búshì yīnwèi bùzhǎng!

部长对我做的报告不满意，
Bùzhǎng duì wǒ zuò de bàogào bù mǎnyì,

让我重新做，我的天啊！
ràng wǒ chóngxīn zuò, wǒ de tiān a!

李雪莉　他告诉你怎么改了吗？
Tā gàosu nǐ zěnme gǎi le ma?

房贵男　他没具体告诉我，
Tā méi jùtǐ gàosu wǒ,

他只说我的报告内容不充足，
Tā zhǐ shuō wǒ de bàogào nèiróng bù chōngzú,

样式也不新颖。
yàngshì yě bù xīnyǐng.

对了，你有没有PPT图表的样本？
Duì le, nǐ yǒu méiyǒu PPT túbiǎo de yàngběn?

李雪莉　我找找看。如果找到的话，用邮件发给你吧。
Wǒ zhǎozhao kàn. Rúguǒ zhǎo dào de huà, yòng yóujiàn fā gěi nǐ ba.

房贵男　拜托你了。改天请你喝咖啡。
Bàituō nǐ le. Gǎitiān qǐng nǐ hē kāfēi.

（第二天）
(dì èr tiān)

房贵男　部长，让你久等了。请看一下这份报告。
　　　　Bùzhǎng,　ràng nǐ jiǔ děng le.　Qǐng kàn yíxià zhè fèn bàogào.

　　　　要是有什么问题我再改。
　　　　Yàoshi yǒu shénme wèntí wǒ zài gǎi.

韩万恩　好的。你先去忙吧！
　　　　Hǎo de.　Nǐ xiān qù máng ba!

（上班族的一天真累呀！今天真想正点下班啊～）
(Shàngbānzú de yìtiān zhēn lèi ya!　Jīntiān zhēn xiǎng zhèngdiǎn xiàbān a~)

1. 겸어문 → 동사1의 목적어가 동사2의 주어가 되는 문장.

문장 안에서 어떤 성분이 주어와 목적어를 겸하고 있을 때 이를 겸어라 하고,

겸어가 들어있는 전체 문장을 '겸어문'이라고 한다.

① 겸어문의 앞 동사로는 주로 '叫(jiào), 让(ràng), 请(qǐng)' 등 사역의 의미를 갖는 동사.

주어 + 동사$_1$ + 목적어
　　　　　　주어 + 동사$_2$

• 你让他接电话。 당신은 그에게 전화를 받으라고 하세요.
　Nǐ ràng tā jiē diànhuà.

• 爱人叫我洗碗。 아내가 나에게 설거지를 하라고 합니다.
　Àirén jiào wǒ xǐwǎn.

② 시간사, 부사, 조동사는 동사$_1$ 앞에 위치.

주어 + 시간사/ 부사/ 조동사 + 동사$_1$ + 목적어
　　　　　　　　　　　　　　　주어 + 동사$_2$

'让'의 부정형

• 我爸爸不让我跟她结婚。 아빠가 나에게 그녀와 결혼을 하지 말라고 하십니다.
　Wǒ bàba bú ràng wǒ gēn tā jiéhūn.

• 你想让我怎么做? 당신은 내가 어떻게 하길 원합니까?
　Nǐ xiǎng ràng wǒ zěnme zuò?

★참고 일반적으로 겸어문에서 동태조사 '了, 过, 着'는 동사$_1$ 뒤에 쓰지 않고 동사$_2$ 뒤나 문장
끝에 쓴다.

• 我请金部长在合同上签了名。 나는 김 부장님께 계약서에 서명하시길 부탁했습니다.
　Wǒ qǐng Jīn bùzhǎng zài hétongshū shang qiān le míng.

• 我请他们看过电影。 그들에게 영화를 보여준 적이 있습니다.
　Wǒ qǐng tāmen kànguo diànyǐng.

☐ 签名 qiānmíng 동 서명하다

★ 이 밖에 사역의 의미를 나타내는 것

'使(shǐ) ~하게 하다(비동작, 정적인 것), 派(pài) 파견한다, 求(qiú) 부탁하다,
命令(mìnglìng) 명령하다, ~하게 하다(심리적인 것)' 등이 있다.

- 那个消息使我们很高兴。 그 소식은 우리를 기쁘게 했습니다.
  Nà ge xiāoxi shǐ wǒmen hěn gāoxìng.

- 公司派我去中国工作。 회사는 나를 중국에 가서 일하게 파견했습니다.
  Gōngsī pài wǒ qù Zhōngguó gōngzuò.

2. 결과보어②

★ 주요 결과보어

결과보어 (동사, 형용사)	의미	앞에 오는 동사
给 gěi	물건을 받는 사람 쪽으로 이동 시킴	还, 寄, 交, 借, 送, 发 huán, jì, jiāo, jiè, sòng, fā
在 zài	어느 장소에 정착하다	放, 挂, 躺, 坐, 住, 站 fàng, guà, tǎng, zuò, zhù, zhàn
住 zhù	견고함이나 안정됨을 나타냄	记, 停, 接, 抓 jì, tíng, jiē, zhuā
成 chéng	변화하여 다른 것이 됨	变, 翻译, 改, 换 biàn, fānyì, gǎi, huàn
干净 gānjìng	깨끗하다	擦, 打扫, 洗, 收拾 cā, dǎsǎo, xǐ, shōushi
光 guāng	조금도 남지 않음 (아무것도 없다)	用, 吃, 花, 卖, 喝, 丢 yòng, chī, huā, mài, hē, diū
错 cuò	틀리다	说, 写, 回答, 做, 打 shuō, xiě, huídá, zuò, dǎ
对 duì	맞다	说, 写, 回答, 做, 打 shuō, xiě, huídá, zuò, dǎ

* 자주 호응하는 동사와 결과보어는 외워 두는 것이 좋다.

- 我昨天发给您的电子邮件，收到了吗? 어제 제가 보낸 이메일 받으셨습니까?
  Wǒ zuótiān fā gěi nín de diànzi yóujiàn, shōudào le ma?

- 我的名字你记住了没有? 내 이름을 기억하십니까?
  Wǒ de míngzi nǐ jìzhù le méiyǒu?

- 上个星期爸爸给我的钱我已经花光了。 지난주에 아빠가 주신 돈을 이미 다 썼습니다.
  Shàng ge xīngqī bàba gěi wǒ de qián wǒ yǐjīng huāguāng le.

1 你看起来好像有心事，怎么了？

看起来 kàn qǐlai 보아하니, 보기에 ~인 것 같다
객관적 상황뿐만 아니라 분석 후의 판단, 외모 따위의 관찰 등에 사용할 수 있다.

- 看起来他心情怎么样？ 보기에 그의 기분은 어때요?
  Kàn qǐlai tā xīnqíng zěnmeyàng?

- 看起来他生气了。 보아하니 그는 화가 난 것 같습니다.
  Kàn qǐlai tā shēngqì le.

- 看起来她很年轻。 그녀는 아주 젊어 보입니다.
  Kàn qǐlai tā hěn niánqīng.

- 看起来这个字写错了。 보아하니 이 글자는 틀리게 쓴 것 같습니다.
  Kàn qǐlai zhè ge zì xiě cuò le.

> ☐ 心情 xīnqíng **명** 기분, 마음
> ☐ 年轻 niánqīng **형** 젊다

2 上班族的一天真累呀！

'上班族'는 '출퇴근족, 샐러리맨, 회사원'이란 뜻의 신조어다. (= 工薪族 gōngxīnzú)
'~族(zú)'는 '~족'으로 한 성격의 집단을 나타낸다.
몇 가지의 신조어를 더 살펴 보자.

- 의도적으로 자녀를 갖지 않는 맞벌이 부부, 딩크족: 丁克族 (dīngkèzú)
- 건강과 친환경을 중시하는 사람들, 웰빙족: 乐活族 (lèhuózú)
- 장기적인 직장을 구하지 않고 여행을 하거나 돈이 필요한 경우에만 일하는 사람, 프리터족:
  飞特族 (fēitèzú)
- 분가할 나이가 되어서도 부모와 떨어지지 않고 생계를 의탁하는 젊은 세대, 캥거루족:
  啃老族 (kěnlǎozú)
- 연예인, 탑 스타의 광팬: 追星族 (zhuīxīngzú)

1 部长对我做的报告不满意。

- 开夜车对身体不好。
  Kāi yèchē duì shēntǐ bù hǎo.

- 看中国电影对学习汉语有很大的帮助。
  Kàn Zhōngguó diànyǐng duì xuéxí Hànyǔ yǒu hěn dà de bāngzhù.

- 我对你们的热情招待表示感谢。
  Wǒ duì nǐmen de rèqíng zhāodài biǎoshì gǎnxiè.

- 希望您对我们的服务满意。
  Xīwàng nín duì wǒmen de fúwù mǎnyì.

☐ 开夜车 kāi yèchē (일, 공부 등으로) 밤을 새다
☐ 招待 zhāodài 동 대접하다
☐ 表示 biǎoshì 동 (감정을) 나타내다, 표현하다

2 改天请你喝咖啡。

- 今天不行，改天吧。
  Jīntiān bù xíng, gǎitiān ba.

- 我今天忙死了，改天再给你打电话。
  Wǒ jīntiān máng sǐle, gǎitiān zài gěi nǐ dǎ diànhuà.

- 这次我来付钱，改天你再请客吧。
  Zhè cì wǒ lái fù qián, gǎitiān nǐ zài qǐngkè ba.

- 今天没有空，改天再说吧。
  Jīntiān méiyǒu kòng, gǎitiān zài shuō ba.

듣기

녹음을 잘 듣고 일치하는 그림을 고르시오. 

A.

B.

C.

D.

① ___________ ② ___________ ③ ___________ ④ ___________

말하기

회화 내용을 숙지한 후, 다음 질문에 대답하시오.

1　李雪莉今天要加班吗?

2　部长让房贵男做什么?

3　部长告诉房贵男怎么改了吗?

4　今天房贵男跟李雪莉一起喝咖啡了吗?

다음 문장을 읽고 관련된 답을 고르시오.

> A 有星期天去济州岛的票吗？
> B 贵男，妈妈让你吃晚饭。
> C 我借给你一把。
> D 你看起来好像有心事，怎么了？

1 已经卖光了。　　　　　　　　　　　　(　　　)

2 我爸爸不让我跟她结婚。　　　　　　　(　　　)

3 今天累死了，不想吃饭。　　　　　　　(　　　)

4 外边正在下雨，我没带雨伞。　　　　　(　　　)

아래의 제시된 단어를 의미에 맞게 배열하시오.

1 你　接　让　他　电话

→ ____ 。

2 你　怎么　让　我　做　想

→ ____ ？

3 我　了　忙　死　今天　改天　电话　再　你　打　给

→ ____ 。

4 我　住　公寓　在

→ ____ 。

TSC 필수어휘

□ 碰头会	pèngtóuhuì	명	미팅(meeting)
□ 度假村	dùjiàcūn	명	리조트
□ 马大哈	mǎdàhā	명	덜렁꾼, 덜렁이, 부주의한 사람
□ 连续剧	liánxùjù	명	연속극, 드라마
□ 挂号信	guàhàoxìn	명	등기 우편
□ 休闲服	xiūxiánfú	명	캐주얼 의복(평상복)
□ 遗憾	yíhàn	형	유감이다, 아쉽다
□ 推迟	tuīchí	동	연기하다
□ 提前	tíqián	동	앞당기다
□ 携带	xiédài	동	휴대하다
□ 方便	fāngbiàn	형	편리하다
□ 选择	xuǎnzé	동	선택하다

TSC 필수관용어 & 사자성어

□ 开门红	kāiménhóng	좋은 출발을 하다, 시작부터 큰 성과를 거두다
□ 金饭碗	jīnfànwǎn	좋은 직업
□ 同舟共济	tóngzhōu-gòngjì	같은 배를 타고 강을 함께 건너다 (한 마음으로 협력하여 함께 곤경을 헤쳐 나가다)
□ 早起的鸟儿有虫吃	zǎo qǐ de niǎor yǒu chóng chī	
	일찍 일어나는 새가 벌레를 잡는다(부지런해야 성공한다)	

1 看图回答　(준비시간: 3秒 / 대답시간 6秒) 🎧 65

（3秒）　提示音＿＿＿＿＿＿＿（6秒）＿＿＿＿＿＿＿结束。

2 看图回答　(준비시간: 3秒 / 대답시간 6秒) 🎧 66

（3秒）　提示音＿＿＿＿＿＿＿（6秒）＿＿＿＿＿＿＿结束。

3 快速回答　(준비시간: 2秒 / 대답시간 15秒) 🎧 67

（2秒）　提示音＿＿＿＿＿（15秒）＿＿＿＿＿结束。

4 简短回答　(준비시간: 15秒 / 대답시간 25秒) 🎧 68

问）　上下班的时候，你一般用什么交通工具呢?

（15秒）　提示音＿＿＿＿＿（25秒）＿＿＿＿＿结束。

*참고단어: 工具 gōngjù 명 수단, 도구, 공구

▶ 感情 gǎnqíng 감정 　🎧 69

- 快乐 kuàilè 즐겁다

- 幸福 xìngfú 행복하다

- 高兴 gāoxìng 기쁘다

- 有意思 yǒu yìsi 재미있다

- 冷静 lěngjìng 침착하다

- 原谅 yuánliàng 용서하다

- 放心 fàng//xīn 안심하다

- 兴奋 xīngfèn 흥분하다, 감격하다

- 生气 shēng//qì 화내다

- 失望 shīwàng 실망하다

- 难过 nánguò 슬프다, 괴롭다

- 伤心 shāngxīn 상심하다

- 无聊 wúliáo 지루하다, 심심하다

- 吃惊 chī//jīng 놀라다

- 忧郁 yōuyù 우울하다

- 后悔 hòuhuǐ 후회하다

제08과

这条裤子有别的颜色吗?

Zhè tiáo kùzi yǒu biéde yánsè ma?

주요 학습 내용

이합동사 / 合适와 适合 / 顺便

1
你看起来好像有心事，怎么了？
Nǐ kàn qǐlái hǎoxiàng yǒu xīnshì,　zěnme le?

2
部长对我做的报告不满意，让我重新做。
Bùzhǎng duì wǒ zuò de bàogào bù mǎnyì,　ràng wǒ chóngxīn zuò.

3
他告诉你怎么改了吗？
Tā gàosu nǐ zěnme gǎi le ma?

4
我找找看。如果找到的话，用邮件发给你吧。
Wǒ zhǎozhao kàn. Rúguǒ zhǎo dào de,　huà yòng yóujiàn fā gěi nǐ ba.

5
改天请你喝咖啡。
Gǎitiān qǐng nǐ hē kāfēi.

□ 相亲	xiāngqīn	동	맞선을 보다
□ 奥特莱斯商城	àotèláisī shāngchéng	명	아웃렛(outlet)
□ 选	xuǎn	동	고르다, 선택하다
□ 俩	liǎ	수	두 개, 두 사람
□ 购物	gòuwù	동	구매하다, 구입하다, 쇼핑하다
□ 顺便	shùnbiàn	부	~하는 김에, 겸사겸사
□ 西服	xīfú	명	양복
□ 条	tiáo	양	가늘고 긴 것을 세는 단위
□ 颜色	yánsè	명	색깔, 컬러
□ 什么样	shénmeyàng	대	어떠한, 어떤 모양
□ 深	shēn	형	깊다, (색이) 짙다
□ 蓝色	lánsè	명	파란색
□ 白色	báisè	명	흰색
□ 黑色	hēisè	명	검은색
□ 种	zhǒng	양	종, 종류
□ 大小	dàxiǎo	명	크기, 사이즈
□ 合适	héshì	형	적당하다, 적합하다
□ 适合	shìhé	동	적합하다, 알맞다
□ 正巧	zhèngqiǎo	부	마침, 공교롭게도
□ 打折	dǎ//zhé	동	할인하다
□ 价格	jiàgé	명	가격
□ 公道	gōngdao	형	합리적이다
□ 搭配	dāpèi	형	어울리다
□ 衬衫	chènshān	명	셔츠, 블라우스 (= 衬衣 chènyī)
□ T恤	Txù	명	티셔츠
□ 配	pèi	동	맞추다, (~에) 어울리다

凤九　最近过得好吗?
Zuìjìn guò de hǎo ma?

房贵男　我还是老样子。　什么事儿?
Wǒ háishi lǎoyàngzi.　Shénme shìr?

凤九　因为我下周要相亲，所以你能不能陪我去
Yīnwèi wǒ xiàzhōu yào xiāngqīn, suǒyǐ nǐ néng bu néng péi wǒ qù

奥特莱斯商城帮我选几件衣服?
àotèláisī shāngchéng bāng wǒ xuǎn jǐ jiàn yīfu?

房贵男　俩男的去购物?
Liǎ nán de qù gòuwù?

> **Tip**
> '두 개, 두 사람'이라는 뜻으로 '俩(liǎ)'
> 뒤에 '个(ge)' 등의 양사를 붙이지 않음

哈哈，行，顺便我也去看看西服。
Hāhā,　xíng,　shùnbiàn wǒ yě qù kànkan xīfú.

售货员　欢迎光临。请问需要什么?
Huānyíng guānglín. Qǐngwèn xūyào shénme?

凤九　我随便看看，这条裤子有别的颜色吗?
Wǒ suíbiàn kànkan,　zhè tiáo kùzi yǒu biéde yánsè ma?

售货员　你喜欢什么样的颜色?
Nǐ xǐhuan shénmeyàng de yánsè?

有深蓝色、白色、黑色三种。
Yǒu shēnlánsè, báisè, hēisè sān zhǒng.

> **Tip**
> 红色 hóngsè 빨간색
> 黄色 huángsè 노란색
> 绿色 lǜsè 초록색
> 紫色 zǐsè 자주색
> 灰色 huīsè 회색
> 粉红色 fěnhóngsè 분홍색
> 天蓝色 tiānlánsè 하늘색

凤九　深蓝的。可以试穿吗?
Shēnlánde.　Kěyǐ shì chuān ma?

售货员　当然，这边请。大小合适，款式也适合你。
Dāngrán, zhèbiān qǐng.　Dàxiǎo héshì,　kuǎnshì yě shìhé nǐ.

正巧现在打六折，价格也很公道。
Zhèngqiǎo xiànzài dǎ liù zhé,　jiàgé yě hěn gōngdao.

凤九　不错，可以搭配什么样的衬衫或T恤呢?
Búcuò,　kěyǐ dāpèi shénmeyàng de chènshān huò Txù ne?

售货员　这条裤子配什么衬衫都很合适。
Zhè tiáo kùzi pèi shénme chènshān dōu hěn héshì.

凤九　那就这条吧！贵男，你看怎么样?
Nà jiù zhè tiáo ba!　Guìnán,　nǐ kàn zěnmeyàng?

房贵男　行了，行了。就这个吧。
Xíngle,　xíngle.　Jiù zhè ge ba.

你去相亲，又不是结婚。
Nǐ qù xiāngqīn,　yòu búshì jiéhūn.

1. 이합동사 (**离合动词**)

이합동사는 '동사 + 목적어(명사)' 구조의 동사로, 분리되기도 하고 결합하기도 한다.

주의❗ 이합동사 자체에 이미 목적어가 있기 때문에 이합동사 뒤에는 다른 목적어가 올 수 없다.

[이합동사 + 목적어 (X)]

1) 다른 목적어가 필요한 경우

① 개사를 이용함 [개사 + 목적어 + 이합동사]

- 我想跟她结婚。 Wǒ xiǎng gēn tā jiéhūn. 나는 그녀와 결혼하고 싶습니다.
- 她给孩子们照相。 Tā gěi háizimen zhàoxiàng. 그녀는 아이들에게 사진을 찍어 줍니다.

② 동사와 목적어 사이에 끼워 넣기

- 明天我想见他的面。 Míngtiān wǒ xiǎng jiàn tā de miàn 내일 나는 그와 만나고 싶습니다.
- 他帮我的忙。 Tā bāng wǒ de máng. 그가 나를 도와줍니다.

③ 동사 앞에 넣기

- 他已经大学毕业了。 Tā yǐjīng dàxué bìyè le. 그는 이미 대학을 졸업했습니다.
- 他去中国出差。 Tā qù Zhōngguó chūchāi. 그는 중국으로 출장 갑니다.

→ 동사만 중첩

2) 이합동사를 중첩할 경우는 AAB형식이다.

- 聊聊天 liáoliáotiān 이야기하다, 수다를 떨다
- 散散步 sànsànbù 산책하다

3) 동태조사(了, 过, 着), 양사, 보어, 의문사 등은 이합동사의 동사 뒤에 위치한다.

- 我们见过一次面。 Wǒmen jiànguo yí cì miàn. 우리는 한 번 만난 적이 있습니다.
- 我跟她吵了一次架。 Wǒ gēn tā chǎole yí cì jià. 나와 그녀는 말다툼을 한 번 했습니다.

이합동사

见面	jiàn//miàn	만나다	谈话	tán//huà	이야기하다
生气	shēng//qì	화나다	游泳	yóu//yǒng	수영하다
帮忙	bāng//máng	돕다	散步	sàn//bù	산책하다
跳舞	tiào//wǔ	춤추다	唱歌	chàng//gē	노래하다
洗澡	xǐ//zǎo	샤워하다	照相	zhào//xiàng	사진을 찍다
放假	fàng//jià	방학하다	请客	qǐng//kè	한턱내다
随便	suí//biàn	마음대로하다	请假	qǐng//jià	휴가 내다
着急	zháo//jí	초조하다	吵架	chǎo//jià	말다툼하다
起床	qǐ//chuáng	기상하다	睡觉	shuì//jiào	잠을 자다
结婚	jié//hūn	결혼하다	旅行	lǚ//xíng	여행하다
聊天	liáo//tiān	수다 떨다	问好	wèn//hǎo	안부를 묻다
毕业	bì//yè	졸업하다	跑步	pǎo//bù	달리다
出差	chū//chāi	출장 가다	分手	fēn//shǒu	헤어지다
抽烟	chōu//yān	담배를 피우다	吃惊	chī//jīng	놀라다
签名	qiān//míng	사인하다	报名	bào//míng	신청하다

* 이합동사는 특별한 규칙이 없으므로 자주 사용되는 이합동사는 외워야 한다.

2. 合适 / 适合

'合适'와 '适合'는 모두 '어울리다, 적합하다, 알맞다'로 뜻은 같지만 용법에는 차이가 있다.

'合适': 형용사이므로 뒤에 목적어를 수반 할 수 없다.

'适合': 동사이므로 목적어 수반이 가능하며, 정도부사의 수식을 받을 수 있다.

- 星期几最合适? 무슨 요일이 가장 적합합니까?
  Xīngqī jǐ zuì héshì?

- 这件衣服不大也不小，很合适。 이 옷은 크지도 작지도 않고 잘 어울립니다.
  Zhè jiàn yīfu bú dà yě bù xiǎo, hěn héshì.

- 这个颜色适合他。 이 색깔은 그에게 어울립니다.
  Zhè ge yánsè shìhé tā.

- 今天买的毛衣很适合我。 오늘 산 스웨터가 나에게 어울립니다.
  Jīntiān mǎi de máoyī hěn shìhé wǒ.

1 俩男的去购物？ 哈哈，行，顺便我也去看看西服。

'顺便(shùnbiàn)'는 '~하는 김에' 라는 뜻으로 어떤 일을 하는 과정에 겸사겸사 또 다른 일을 하는 것을 나타내며, 보통 뒷절 처음에 위치한다.

- 我去超市的时候，顺便去银行换钱。
  Wǒ qù chāoshì de shíhou, shùnbiàn qù yínháng huànqián.
  마트에 가는 김에 은행에 가서 환전을 하려고 합니다.

- 出国的时候，你顺便在免税店帮我买化妆品吧。
  Chūguó de shíhou, nǐ shùnbiàn zài miǎnshuìdiàn bāng wǒ mǎi huàzhuāngpǐn ba.
  출국하는 김에 면세점에서 화장품을 사다 주십시오.

- 听说金科长住院了，咱们去机场的时候顺便去医院看看他，怎么样？
  Tīngshuō Jīn kēzhǎng zhùyuàn le, zánmen qù jīchǎng de shíhou shùnbiàn qù yīyuàn kànkan tā, zěnmeyàng?
  김 과장이 입원했다고 하니 우리 공항 가는 길에 병문안 가는 게 어때요?

□ 出国 chū//guó 〔동〕 출국하다
□ 免税店 miǎnshuìdiàn 〔명〕 면세점
□ 化妆品 huàzhuāngpǐn 〔명〕 화장품

2 我还是老样子。

①접속사: 또는, 아니면 (의문문에 쓰임)
- 你要热的还是凉的？
  Nǐ yào rè de háishi liáng de?
  당신은 뜨거운 것을 원합니까? 아니면 차가운 것을 원합니까?

②부사: 차라리 ~하는 편이 (더) 좋다, ~하는 편이 낫다
- 现在高峰时间哪儿都堵车堵得厉害，我们还是坐地铁去吧。
  Xiànzài gāofēng shíjiān nǎr dōu dǔchē dǔ de lìhai, wǒmen háishi zuò dìtiě qù ba.
  지금 러시아워라서 어디든 차가 많이 막히니까 우리 그냥 지하철로 가는 편이 좋겠어요.

③부사: 여전히, 아직도
- 我想了又想，还是不明白他说的意思。
  Wǒ xiǎng le yòu xiǎng, háishi bù míngbai tā shuō de yìsi.
  생각하고 또 생각해봐도 여전히 그가 말한 뜻이 이해가 안 됩니다.

□ 高峰时间 gāofēng shíjiān 〔명〕 러시아워
□ 意思 yìsi 〔명〕 뜻, 의미

1 贵男，你看怎么样?

- 你看，买这件衣服怎么样?
  Nǐ kàn, mǎi zhè jiàn yīfu zěnmeyàng?

- 你看他们公司的产品怎么样?
  Nǐ kàn tāmen gōngsī de chǎnpǐn zěnmeyàng?

- 你看，我汉语说得怎么样?
  Nǐ kàn, wǒ Hànyǔ shuō de zěnmeyàng?

- 你看，这次休假的时候咱们去香港怎么样?
  Nǐ kàn, zhè cì xiūjià de shíhou zánmen qù Xiānggǎng zěnmeyàng?

2 我随便看看。

- 随你的便吧。
  Suí nǐ de biàn ba.

- 请你随便挑一个吧。
  Qǐng nǐ suíbiàn tiāo yí ge ba.

- 请你随便说几句话，好吗?
  Qǐng nǐ suíbiàn shuō jǐ jù huà, hǎo ma?

- 吃中国菜或韩国菜我都没关系，今天你就随便吧。
  Chī Zhōngguócài huò Hánguócài wǒ dōu méi guānxi, jīn tiān nǐ jiù suíbiàn ba.

□ 挑 tiāo **동** 선택하다, 고르다
□ 没关系 méiguānxi 괜찮다, 문제 없다

녹음을 잘 듣고 일치하는 그림을 고르시오.  73

A. 　　B. 

C. 　　D. 

① ＿＿＿＿＿＿＿　② ＿＿＿＿＿＿＿　③ ＿＿＿＿＿＿＿　④ ＿＿＿＿＿＿＿

회화 내용을 숙지한 후, 다음 질문에 대답하시오.

1　凤九为什么想去奥特莱斯商城买衣服？

2　房贵男顺便想去看什么？

3　凤九要的裤子有几种颜色？

4　这家店正在打几折？

다음 문장을 읽고 관련된 답을 고르시오.

> A 你看，买这件衣服怎么样？
> B 这条裤子有别的颜色吗？
> C 我想看看裤子。
> D 可以打折吗？

1 只有这一种颜色。 　　　　　　（　　　）

2 请问，需要什么？ 　　　　　　（　　　）

3 不行，价格已经很便宜了。 　　　（　　　）

4 我觉得这件真不错。 　　　　　　（　　　）

아래의 제시된 단어를 의미에 맞게 배열하시오.

1 的时候　顺便　超市　去　钱　银行　换　去

→ ____。

2 你　他们　的　产品　怎么样　公司　看

→ ____？

3 这　合适　衣服　大　也　不　小　很　件　不

→ ____。

4 明天　我　见　想　他　面　的

→ ____。

TSC 필수 어휘

□ 大小	dàxiǎo	명	크기, 사이즈
□ 肥	féi	형	넉넉하다, 크다 (= 宽 kuān)
□ 瘦	shòu	형	끼다, 작다(= 紧 jǐn)
□ 时髦	shímáo	형	유행이다(= 流行 liúxíng)
□ 过时	guòshí	형	유행이 지나다
□ 减价	jiǎn//jià	동	세일하다
□ 更衣室	gēngyīshì	명	탈의실
□ 不二价	bú'èrjià	명	정찰가
□ 讲价	jiǎng//jià	동	(값을) 흥정하다
□ 收款台	shōukuǎntái	명	카운터
□ 发票	fāpiào	명	영수증(= 收据 shōujù)
□ 优惠券	yōuhuìquàn	명	쿠폰, 할인권
□ 退货	tuì//huò	동	반품하다
□ 退钱	tuì//qián	동	환불하다
□ 网购	wǎnggòu	동	온라인 쇼핑하다(= 网上购物 wǎngshàng gòuwù)

TSC 필수 관용어 & 사자성어

□ 热门货	rèménhuò	인기상품
□ 物美价廉	wùměi-jiàlián	물건은 좋고 가격은 저렴하다
□ 货比三家	huòbǐ sānjiā	물건을 살 때 여러 곳을 비교하다
□ 一分钱一分货	yì fēn qián yì fēn huò	싼 게 비지떡이다

1 看图回答　(준비시간: 3초 / 대답시간 6초)　🎧 75

（3秒）　提示音＿＿＿＿＿＿（6秒）＿＿＿＿＿＿结束。

2 看图回答　(준비시간: 3초 / 대답시간 6초)　🎧 76

（3秒）　提示音＿＿＿＿＿＿（6秒）＿＿＿＿＿＿结束。

3 快速回答　(준비시간: 2초 / 대답시간 15초)　🎧 77

（2秒）　提示音＿＿＿＿＿（15秒）＿＿＿＿结束。

4 简短回答　(준비시간: 15초 / 대답시간 25초)　🎧 78

问）　你喜欢穿什么颜色的衣服？

（15秒）　提示音＿＿＿＿＿（25秒）＿＿＿＿＿结束。

중국인이 좋아하는 색 VS
중국인이 싫어하는 색

중국인이 좋아하는 색깔은 빨간색과 금색이다. 중국인들은 유난히 빨간색과 금색을 좋아한다. 중국의 곳곳에서 빨간색을 흔히 볼 수 있다. 중국인의 시조는 염제와 황제인데 그 염제는 불을 나타내기 때문에 중국인들이 빨간색을 좋아하게 되었으며 귀신을 물리친다고 하여 좋아하는 색깔이 되었다. 빨간색은 '부(富)'와 '행복'을 상징하여 결혼식과 축하연회 등에는 꼭 빨간색으로 장식한다. 결혼 축의금 봉투 역시 빨간색을 쓴다. 우리의 설날인 중국 춘절에는 상점마다 빨간색 속옷이 가득하며, 사악한 기운을 물리치기 위해 붉은색 폭죽을 다발로 터트린다. 또한 '红(hóng)'이라는 단어 자체에 '(일이) 순조롭다, 번창하다, 인기가 있다' 라는 뜻이 포함되어 있다. 어떤 사람이 중책을 맡게 되면 '红人(hóngrén 홍인: 붉은 사람)'이라 하며, 연예계의 인기스타는 '红星(hóngxīng 홍성: 빨간 별)'이라 한다. 금색은 황제를 의미하며, 금색의 부적은 행운과 재물을 많이 가져다 준다고 생각한다. 파란색 또한 건강에 좋은 옥(玉)의 색이어서 중국인들이 선호한다. 옥으로 된 액세서리를 한 중국인들을 흔히 볼 수 있다. 기업들도 색에 민감하다. 중국 100대 기업의 로고 색깔을 살펴 보면 붉은색의 로고가 40개 이상이고, 파란색 또한 40개에 가깝다.

　　그렇다면 싫어하는 색깔은 무엇일까? 중국인들은 검정과 흰색을 싫어한다. 중국인의 관념 속에는 검정색과 흰색은 귀신을 불러들이는 색이라는 믿음이 강하게 자리 잡고 있다. 검정색의 수의를 입히면 '죽은 후에 다시 당나귀로 환생한다'는 미신 때문에 수의도 검정색을 쓰지 않으며, '흰색' 또한 '죽음을 의미한다'하여 조문할 때만 흰색봉투를 사용하고 축의금이나 뇌물을 절대 흰색 봉투에 주지 않는다. 이처럼 중국인들은 색깔에 매우 민감하다. 때문에 앞으로 중국에 진출할 한국기업들은 로고가 흰색이나 검은색이라면 가능한 한 색깔을 바꾸는 것이 낫다. 또한 중국인들이 좋아하는 색깔로 제품을 생산해 마케팅에 활용하는 것이 좋겠다.

 더하기

▶ 服装 fúzhuāng 복장  79

衣服 yīfu 의복

- 西服 xīfu / 西装 xīzhuāng 양복
- 连衣裙 liányīqún 원피스
- 套装 tàozhuāng 투피스
- 大衣 dàyī / 外套 wàitào 코트
- 夹克 jiākè 자켓
- 衬衫 chènshān / 衬衣 chènyī 와이셔츠
- 毛衣 máoyī 스웨터
- 坎肩 kǎnjiān 조끼
- 裤子 kùzi 바지
- 牛仔裤 niúzǎikù 청바지
- 裙子 qúnzi 치마

饰物 shìwù 장신구

- 领带 lǐngdài 넥타이
- 腰带 yāodài 벨트
- 帽子 màozi 모자
- 围巾 wéijīn 목도리, 머플러
- 手套 shǒutào 장갑
- 手表 shǒubiǎo 손목시계
- 袜子 wàzi 양말
- 丝袜 sīwà 스타킹
- 手提包 shǒutíbāo 핸드백
- 项链 xiàngliàn 목걸이
- 耳环 ěrhuán 귀걸이
- 戒指 jièzhǐ 반지

鞋子 xiézi 신발

- 皮鞋 píxié 구두
- 运动鞋 yùndòngxié 운동화
- 高跟鞋 gāogēnxié 하이힐
- 凉鞋 liángxié 샌들

제**09**과

我想给你介绍一个人，怎么样?

Wǒ xiǎng gěi nǐ jièshào yí ge rén, zěnmeyàng?

주요학습내용

인물 묘사 / 可能 / 该……了

1 顺便我也去看看西服。
Shùnbiàn wǒ yě qù kànkan xīfu.

2 这条裤子有别的颜色吗?
Zhè tiáo kùzi yǒu biéde yánsè ma?

3 你喜欢什么样的颜色? 有深蓝色、白色、黑色三种。
Nǐ xǐhuan shénmeyàng de yánsè? Yǒu shēnlánsè, báisè, hēisè sān zhǒng.

4 可以试穿吗?
Kěyǐ shì chuān ma?

5 这条裤子配什么衬衫都很合适。
Zhè tiáo kùzi pèi shénme chènshān dōu hěn héshì.

□ 真是	zhēnshi	부	정말, 참[불만의 감정을 나타냄]
□ 正好	zhènghǎo	부 형	마침, 딱 맞다
□ 愿意	yuànyì	동	(무엇을 하길) 바라다, 희망하다
□ 长	zhǎng	동	자라다, 생기다
□ 年龄	niánlíng	명	연령, 나이
□ 身高	shēngāo	명	키, 신장
□ 身材	shēncái	명	몸매, 체격
□ 活泼	huópo	형	활발하다, 활달하다, 활기차다, 생동감이 있다
□ 条件	tiáojiàn	명	조건
□ 还是	háishi	부	이처럼, 그렇게도[의외라는 어감을 더욱 두드러지게 함]
□ 单身	dānshēn	명	솔로(solo), 싱글(single), 혼자
□ 眼光	yǎnguāng	명	안목, 관점
□ 白马王子	báimǎwángzi	명	백마탄 왕자, 이상형의 남자
□ 可能	kěnéng	부	아마도
□ 像	xiàng	동	~와(과) 같다, 닮다
□ 高富帅	gāofùshuài	신조어	킹카[키 크고, 돈 많고, 잘 생긴 남자]
□ 定	dìng	동	정하다, 결정하다
□ 联系	liánxì	동	연락하다
□ 真正	zhēnzhèng	형	진정한, 참된, 진짜의
□ 白富美	báifùměi	신조어	퀸카[피부 하얗고, 돈 많고, 예쁜 여자]
□ 成	chéng	동	성공하다, 이루다
□ 套	tào	양	벌, 조, 세트[세트로 된 것을 세는 단위]
□ 该	gāi	조동	~해야 한다

凤九　　买衣服真是太累了。
Mǎi yīfu zhēnshi tài lèi le.

房贵男　正好我爸妈去旅行了，　家里没有人，
Zhènghǎo wǒ bà mā qù lǚxíng le,　jiāli méiyǒu rén,

去我家喝一杯吧。
qù wǒ jiā hē yì bēi ba.

凤九　　我想给你介绍一个人，　怎么样?
Wǒ xiǎng gěi nǐ jièshào yí ge rén,　zěnmeyàng?

我们部门的代理，　让我给她介绍男朋友。
Wǒmen bùmén de dàilǐ,　ràng wǒ gěi tā jièshào nánpéngyou.

房贵男　你还问什么? 我当然愿意啦，她长得怎么样?
Nǐ hái wèn shénme?　Wǒ dāngrán yuànyì la,　tā zhǎng de zěnmeyàng?

凤九　　年龄29岁，身高1米65，身材好，
Niánlíng èrshíjiǔ suì, shēngāo yī mǐ liù(shí)wǔ, shēncái hǎo,

性格也活泼。她一说，我就想到你了。
xìnggé yě huópo.　Tā yì shuō,　wǒ jiù xiǎngdào nǐ le.

房贵男　条件这么好，怎么还是单身?
Tiáojiàn zhème hǎo, zěnme háishi dānshēn?

是不是她眼光太高了?
Shì bu shì tā yǎnguāng tài gāo le?

> **🌱 Tip**
> 형용사: **cháng** 길다
> 동사: **zhǎng** 자라다, 생기다

凤九 谁知道呢？她的白马王子可能就是你，
Shéi zhīdao ne?　Tā de báimǎwángzi kěnéng jiùshì nǐ,

你去见一见吧。
nǐ qù jiàn yi jiàn ba.

房贵男 像我这样的"高富帅"谁不喜欢呀？
Xiàng wǒ zhèyàng de "gāofùshuài" shéi bù xǐhuan ya?

定好时间告诉我。
Dìnghǎo shíjiān gàosu wǒ.

凤九 我告诉你她的电话号码吧，你自己联系吧。
Wǒ gàosu nǐ tā de diànhuà hàomǎ ba,　nǐ zìjǐ liánxì ba.

房贵男 行，我希望她是个真正的"白富美"。
Xíng,　wǒ xīwàng tā shì ge zhēnzhèng de "báifùměi".

凤九 如果成了，你得给我做套西服。
Rúguǒ chéng le,　nǐ děi gěi wǒ zuò tào xīfú.

房贵男 哈哈，那是当然。从今天起我该减肥了。
Hāhā,　nà shì dāngrán.　Cóng jīntiān qǐ wǒ gāi jiǎnféi le.

1. 인물 묘사 동사

'长(zhǎng)'은 '자라다, 생기다'라는 뜻이다.

- 她长得怎么样? 그녀는 어떻게 생겼습니까?
  Tā zhǎng de zěnmeyàng?

- 她长得很漂亮。 그녀는 아름답습니다.
  Tā zhǎng de hěn piàoliang.

★ 인물 묘사에 필요한 단어 몇 가지를 살펴 보자.

个子 gèzi 키	高 gāo 크다	矮 ǎi 작다		
头发 tóufa 머리(카락)	长 cháng 길다	短 duǎn 짧다		
脸 liǎn 얼굴	圆脸 yuánliǎn 둥근 얼굴	鹅蛋脸 édànliǎn 계란형 얼굴	瓜子脸 guāzǐliǎn 브이(V)라인 얼굴	
眼睛 yǎnjing 눈	大 dà 크다	小 xiǎo 작다	单眼皮 dānyǎnpí 홑꺼풀	双眼皮 shuāngyǎnpí 쌍꺼풀

不A也不B : A하지도 B하지도 않다.
(예)不冷也不热 / 不大也不小

- 他个子不高也不矮。 그의 키는 크지도 작지도 않다.
  Tā gèzi bù gāo yě bù ǎi.

- 她有长长的头发，一双大大的眼睛。 그녀는 긴 머리와 큰 눈을 가지고 있다.
  Tā yǒu chángchang de tóufa, yì shuāng dàda de yǎnjing.

★참고 외모를 묘사할 때 형용사중첩을 이용하면 좀 더 생동감 있게 표현 할 수 있다.

☐ 双 shuāng 양 쌍[둘씩 쌍을 이루는
것을 세는 단위]

- 我很像妈妈。 나는 엄마를 닮았습니다.
  Wǒ hěn xiàng māma.

- 我跟妈妈长得很像。 나와 엄마는 닮았습니다.
  Wǒ gēn māma zhǎng de hěn xiàng.

2. ## 正好

① 사이즈가 잘 맞다

- A: 这条裤子怎么样? 이 바지는 어떻습니까?
  Zhè tiáo kùzi zěnmeyàng?

- B: 这条裤子不大也不小，正好。 이 바지는 크지도 않고 작지도 않고 잘 맞습니다.
  Zhè tiáo kùzi bú dà yě bù xiǎo, zhènghǎo.

② 돈을 지불할 때나 돈을 받을 때 돈의 숫자가 딱 맞다

- A: 给你八十块，数一下。 여기 80위안이요, 세어 보세요.
  Gěi nǐ bāshí kuài, shǔ yíxià.

- B: 正好。 딱 맞습니다.
  Zhènghǎo.

③ 마침, 때마침, 공교롭게도, 잘 됐다

- 在路上正好碰见了他。 길에서 마침 그를 우연히 만났습니다.
  Zài lùshang zhènghǎo pèngjiàn le tā.

- 你来得正好。 마침 잘 왔습니다.
  Nǐ lái de zhènghǎo.

1 她的白马王子**可能**就是你，你去见一见吧。

‘可能(kěnéng)’은 ‘아마도’라는 뜻을 가진 부사다.
(★조동사로 ‘가능하다’의 뜻도 있지만 잘 쓰지 않는다. ‘가능하다’의 조동사는 ‘可以’이다.)

- 明天我可能不行。 내일 나는 아마도 안 됩니다.
  Míngtiān wǒ kěnéng bùxíng.
- 堵车堵得真厉害，前边可能出交通事故了。
  Dǔchē dǔ de zhēn lìhai, qiánbian kěnéng chū jiāotōng shìgù le.
  차가 많이 막힙니다. 아마도 앞에 교통사고가 난 것 같습니다.
- 她可能在家睡觉呢。 그녀는 아마도 집에서 자고 있을 겁니다.
  Tā kěnéng zài jiā shuìjiào ne.
- 办公室怎么这么热，可能空调坏了。
  Bàngōngshì zěnme zhème rè, kěnéng kōngtiáo huài le.
  사무실이 왜 이렇게 더워요. 아마도 에어컨이 고장 난 것 같습니다.

> □ 出 chū [동] 발생하다, 생산하다
> □ 交通事故 jiāotōng shìgù
>   [명] 교통사고

2 从今天起我**该**减肥**了**。

① [该 + 동사(구) + (了)] : ‘(마땅히) ~해야 한다’ 등 사실상, 도리상의 필요를 나타냄
- 到底这件事该怎么办? 도대체 이 일을 어떻게 해야 할까요?
  Dàodǐ zhè jiàn shì gāi zěnmebàn?
- 我们该上飞机了，飞机就要起飞了。 우리 비행기를 타야만 합니다. 비행기가 곧 이륙합니다.
  Wǒmen gāi shàng fēijī le, fēijī jiùyào qǐfēi le.
- 时间不早了，我该回家了。 시간이 늦었네요. 나는 집에 가야만 합니다.
  Shíjiān bù zǎo le, wǒ gāi huíjiā le.

② [该 + 사람 +(了)] : ~할 차례이다
- 该谁了? 누가 할 차례입니까?
  Gāi shéi le?
- 今天值班该我了。 오늘 당직은 내 차례입니다.
  Jīntiān zhíbān gāi wǒ le.
- 现在该韩国队发球。 지금 한국팀이 서브를 넣을 차례입니다.
  Xiànzài gāi Hánguóduì fāqiú.

> □ 值班 zhí//bān [동] 당직을 서다,
>   당직하다
> □ 队 duì [명] 팀
> □ 发球 fā//qiú [명] [동] 서브(serve),
>   서브를 넣다

1 我想给你介绍一个人，怎么样?

- 我想给你介绍他。
  Wǒ xiǎng gěi nǐ jièshào tā.

- 我想给你买一件衣服。
  Wǒ xiǎng gěi nǐ mǎi yí jiàn yīfu.

- 我想给你找个男朋友。
  Wǒ xiǎng gěi nǐ zhǎo ge nánpéngyou.

- 我想给你当导游。
  Wǒ xiǎng gěi nǐ dāng dǎoyóu.

☐ 当 dāng 동 ~이 되다
☐ 导游 dǎoyóu 명 가이드

2 我希望她是个真正的"白富美"。

- 我很希望我儿子当大夫。
  Wǒ hěn xīwàng wǒ érzi dāng dàifu.

- 我希望今天你早点儿回家。
  Wǒ xīwàng jīntiān nǐ zǎo diǎnr huíjiā.

- 希望我们成为好朋友。
  Xīwàng wǒmen chéngwéi hǎopéngyou.

- 我的汉语水平比较差，所以希望你教我汉语。
  Wǒ de Hànyǔ shuǐpíng bǐjiào chà, suǒyǐ xīwàng nǐ jiāo wǒ Hànyǔ.

☐ 大夫 dàifu 명 의사
☐ 成为 chéngwéi 동 ~이(가) 되다, ~(으로) 되다
☐ 好朋友 hǎopéngyou 좋은 친구
☐ 水平 shuǐpíng 명 수준

듣기

녹음을 잘 듣고 일치하는 그림을 고르시오. 🎧 83

A. 

B.

C. 

D. 

① ______________ ② ______________ ③ ______________ ④ ______________

말하기

회화 내용을 숙지한 후, 다음 질문에 대답하시오.

1 房贵男的父母去哪儿了？

2 他们可能在哪儿喝酒？

3 凤九想给房贵男介绍的女性有多高？

4 凤九想给房贵男介绍的女性今年多大？

□ **女性 nǚxìng** 명 여성, 여자

다음 문장을 읽고 관련된 답을 고르시오.

A 他一直不接电话。
B 从今天起我该减肥了。
C 他个子高吗?
D 他帅不帅?

1 他长得很好看。 ( )

2 他可能在家睡觉呢。 ( )

3 看上去最近你有点儿胖了。 ( )

4 不高也不矮。 ( )

아래의 제시된 단어를 의미에 맞게 배열하시오.

1 怎么 热 可能 这么 坏 空调 办公室 了

→ ______________________________________。

2 我 你 找 给 个 想 男朋友

→ ______________________________________。

3 时间 早 了 不 我 回家 了 该

→ ______________________________________。

4 裤子 不 条 大 也 不 小 正好 这

→ ______________________________________。

TSC 필수 어휘

约会	yuēhuì	명 동 데이트, 데이트하다, 약속하다
谈恋爱	tán liàn'ài	동 연애하다
情侣	qínglǚ	명 연인
谈心	tán//xīn	동 마음을 터놓고 이야기 하다
合得来	hédelái	마음이 잘 맞다, 손발이 맞다
情人节	Qíngrén Jié	명 발렌타인데이(Valentine Day)
电影院	diànyǐngyuàn	명 영화관
爆米花	bàomǐhuā	명 팝콘
平安夜	píng'ānyè	명 크리스마스 이브
圣诞节	Shèngdàn Jié	명 성탄절, 크리스마스
音乐会	yīnyuèhuì	명 음악회
表白	biǎobái	동 고백하다
求婚	qiú//hūn	동 구혼하다, 프러포즈하다, 청혼하다

TSC 필수 관용어 & 사자성어

一见钟情	yíjiàn zhōngqíng	첫눈에 반하다
门当户对	méndānghùduì	양가의 사회적, 경제적 조건이 맞다
天生一对	tiānshēng-yíduì	천생연분
天作之合	tiānzuò-zhīhé	하늘이 맺어준 연인

1 看图回答　(준비시간: 3秒 / 대답시간 6秒)　 85

（3秒）　提示音__________（6秒）__________结束。

2 看图回答　(준비시간: 3秒 / 대답시간 6秒)　86

（3秒）　提示音__________（6秒）__________结束。

3 快速回答　(준비시간: 2秒 / 대답시간 15秒)　87

（2秒）　提示音______（15秒）______结束。

4 简短回答　(준비시간: 15秒 / 대답시간 25秒)　88

问）　你的上司是什么样的人？

（15秒）　提示音______（25秒）______结束。

*참고단어: 上司 shàngsī 명 상사
　　　　工具 gōngjù 명 수단, 도구, 공구

▶ **性格 xìnggé 성격** 🎧 89

- **大方** dàfāng 대범하다
- **活泼** huópo 활발하다
- **好动** hàodòng 활동적이다
- **诚实** chéngshí 진실하다
- **老实** lǎoshí 성실하다
- **谦虚** qiānxū 겸손하다
- **坦率** tǎnshuài 솔직하다
- **勤奋** qínfèn 부지런하다
- **乐观** lèguān 낙관적이다
- **外向** wàixiàng 외향적이다
- **开朗** kāilǎng 명랑하다
- **幽默** yōumò 유머러스하다

- **内向** nèixiàng 내성적이다
- **保守** bǎoshǒu 보수적이다
- **小气** xiǎoqì 인색하다
- **懒惰** lǎnduò 게으르다
- **固执** gùzhí 고집스럽다
- **冷淡** lěngdàn 냉정하다
- **胆怯** dǎnqiè 겁이 많다
- **自私** zìsī 이기적이다
- **悲观** bēiguān 비관적이다
- **不爱说话** bú ài shuōhuà 과묵하다

부록

서기 1949년 중국 대륙에는 모택동이 이끄는 공산당에 의해 중화인민공화국이 선포되었다. 모택동은 1951년 문자개혁의 필요성을 인식하여 한자의 4난 (难认, 难记, 难写, 难读)의 문제점을 해결하고 보통화 보급운동을 위해 한자의 간화 운동을 추진하였다. 1956년 국무원이 정식으로 《《한자간화방안》》을 공포한 이래 지속적인 수정 작업을 거쳐 1964년 5월 '문자개혁위원회'가 《《간체자총표》》총 2238의 간체자를 공포하였다. 한자를 간화한 방법을 분석해 보면 다음과 같이 몇 가지 유형으로 나눌 수 있다.

1. 옛날부터 사용하던 간체자를 그대로 사용

  (1) 일반 대중이 널리 쓰던 속자를 가려쓸 것

    双(雙),   旧(舊),   会(會),

    当(當),   画(畫)

  (2) 해석화시킨 것 (혹은 윤곽을 따온 것)

    书(書),   鸟(鳥),   东(東),

    见(見),   为(爲),   马(馬),

    专(專),   龟(龜),   仓(倉)

    尽(盡)

  (3) 옛날 고문의 한자를 그대로 사용

    气(氣),   万(萬),   礼(禮),

    虫(蟲),   与(與)

2. 원래 글자에서 일부분을 사용

  (1) 첫부분을 사용

    习(習),   声(聲),   飞(飛),

    医(醫),   业(業)

  (2) 좌방을 사용

    号(號),   亲(親),   虽(雖),

    乡(鄉),   类(類)

  (3) 우방을 사용

    务(務),   条(條),   复(複)

  (4) 중간이나 내부를 사용

    里(裏),   开(開),   术(術),

    灭(滅)

3. 새로 만든 글자

  (1) 회의 (会意)

    阴(陰),   泪(淚),   笔(筆),

    队(隊),   孙(孫)

  (2) 형성(形声)

    远(遠),   灯(燈),   惊(驚),

    种(種),   认(認)

  (3) 간단한 부호와 편방을 쓴 경우

    ⓐ 발음이 관련이 없는 경우

    难(難),   对(對),   鸡(雞),

    汉(漢)

    ⓑ 발음이 관련이 있는 경우

    种(種),   肿(腫),   亿(億),

    拥(擁)

4. 발음이 같고 횟수가 적은 글자로 획수가 많은 글자를 대체한 것

    几(幾),   丑(醜),   干(幹)

'필순'이란 한자 낱자를 쓸 때의 순서를 의미한다.

(1) 위에서 아래로 쓴다.
> 예 三, 工, 言, 客

(2) 왼쪽에서 오른쪽으로 쓴다.
> 예 川, 州, 外

(3) 좌우 대칭될 때는 가운데 부분을 먼저 쓰고 왼쪽, 오른쪽의 순서로 쓴다.
> 예 小, 水, 乐

(4) 가로와 세로가 겹칠 때에는 가로획을 먼저 긋는다.
> 예 木, 支, 十

(5) 가운데를 뚫는 획은 나중에 긋는다.
> 예 中, 车, 手

(6) 허리를 끊는 획은 나중에 긋는다.
> 예 母, 女

(7) 받침은 나중에 긋는다. 단, 走, 足는 받침을 먼저 쓴다.
> 예 近, 建, 道

(8) 오른쪽 위에 있는 점은 맨 뒤에 찍는다.
> 예 犬, 代, 成

(9) 몸과 안이 있을 때는 몸부터 먼저 긋는다.
> 예 同, 固, 内, 因

(10) 삐침은 파임보다 먼저 쓴다.
> 예 父, 人, 文

왼쪽 아래로 향하는 것이 삐침
오른쪽 아래로 향하는 것이 파임이다.

제1과 당신은 보통 회사 식당에서 아침을 먹습니까?

회화

동　료: 좋은 아침! 요즘 바쁘지?

방귀남: 응, 요즘 힘들어, 너도 안색이 그다지 좋지 않네.

동　료: 요 며칠 왜 전화 안 받았어?

방귀남: 지난주에 베이징 출장 갔었어.

동　료: 어쩐지 요 며칠 핸드폰이 계속 꺼져있더라고.
　　　　 그럼 어제는? 어제는 어디 갔었어?
　　　　 어제 너한테 전화했을 때 너 사무실에 없더라고.

방귀남: 어제 청도에서 바이어가 오셨어. 그래서 공항
　　　　 에 마중 갔었지.

동　료: 아! 그랬구나.

방귀남: 무슨 일 있었어?

동　료: 급한 일이 있었는데 이미 해결했어.
　　　　 아침은 먹었어?

방귀남: 벌써 먹었어. 너는?

동　료: 나는 아직 안 먹었어. 지금 회사 (구내)식당에
　　　　 가서 먹으려고.

방귀남: 보통 회사에서 아침을 먹어?

동　료: 응! 회사 식당이 가격도 싸기도 하고 맛도 좋
　　　　 더라.

방귀남: 나는 매일 엄마가 아침을 해 주셔. 그래서 죄
　　　　 송한 생각이 들어.

동　료: 정말 부럽다.

말해보기

1. 당신은 보통 회사에서 아침을 먹습니까?
   * 저는 보통 열한 시에 잡니다.
   * 주말에 저는 보통 집에서 쉽니다.
   * 그녀는 보통 인터넷에서 책을 삽니다.
   * 퇴근 후에 당신은 보통 무엇을 합니까?
2. 어쩐지 요 며칠 동안 핸드폰이 계속 꺼져있더라고요.
   * 사무실 에어컨이 고장 났어요. 어쩐지 약간 덥
     더라고요.
   * 남자친구가 생겼어요? 어쩐지 더 예뻐졌더라니.
   * 어쩐지 요 며칠 동안 그가 출근을 안 하더라니,
     알고 보니 입원을 했습니다.
   * 어쩐지 그들이 그렇게 잘 알더라니, 알고 보니
     동급생이었어요.

도전 TSC

1. 녹음) 그녀는 무엇을 샀습니까?

2. 녹음) 그들은 이허위안에 갔습니까?
3. 녹음) 방귀남 씨 계십니까?
4. 녹음) 당신은 결혼했습니까?

제2과 점점 더워집니다.

회화

방귀남: 좋은 아침입니다! 아침부터 왜 이렇게 덥죠?

고대로: 그러게요, 더워 죽겠어요. 회사 안도 너무 덥
　　　　 네요. 오늘 도대체 몇 도래요?

방귀남: 듣자 하니 35도래요. 오늘이 어제보다 훨씬 더
　　　　 운 것 같아요.

고대로: 점점 더 더워지네요. 올 여름은 어떻게 보내죠?
　　　　 저는 차라리 겨울이 좋아요.

방귀남: 저도요.

고대로: 겨울아 빨리 와라, 저는 스키 타러 가고 싶어요.
　　　　 귀남 씨는 스키 탈 줄 알아요?

방귀남: 탈 줄 알긴 한데, 조금만 탈 줄 알아요.
　　　　 저는 보드가 스키보다 훨씬 더 재미있다고 생
　　　　 각해요.

고대로: 그럼 겨울에 우리 같이 가요.
　　　　 오늘 이렇게 더운데 우리 점심에 냉면 먹어요.

방귀남: 정말 좋아요.
　　　　 듣자 하니 회사 근처에 다복식당 냉면이 유명
　　　　 하더라고요. 우리 가서 먹어 봐요.

말해보기

1. 오늘이 어제보다 훨씬 더운 것 같습니다.
   * 그녀는 중국인인 것 같습니다.
   * 우리는 길을 잃은 것 같습니다.
   * 금방 비가 올 것 같으니, 우리 빨리 집에 갑시다.
   * 어제 저녁부터 계속 열이 났습니다. 저는 감기
     에 걸린 것 같습니다.
2. 저는 보드가 스키보다 훨씬 재미있다고 생각합니다.
   * 그는 테니스가 골프보다 훨씬 재미있다고 생각
     합니다.
   * 저는 사천음식이 한국음식보다 훨씬 맵다고 생
     각합니다.
   * 저는 이 옷이 저 옷보다 훨씬 예쁘다고 생각합
     니다.
   * 저는 미국에 가는 것이 중국에 가는 것보다 훨
     씬 재미있다고 생각합니다.

1. 녹음) 오늘이 어제보다 덥습니까?

2. 녹음) 어느 것이 훨씬 빠릅니까?

3. 녹음) 김 과장이 당신보다 (키가) 큽니까?

4. 녹음) 당신은 여름을 좋아합니까 아니면 겨울을 좋아합니까?

제3과 그는 한국어를 알아들을 수 있습니까?

한만은: 칭다오에서 오신 바이어는 도착했나요? 어느 호텔이에요?

방귀남: 이미 도착하셨습니다. 서울역 맞은편에 명성 호텔입니다.
회사에서도 가깝고, 환경도 깨끗합니다.

한만은: 그는 한국어를 알아들을 수 있으신가요?

방귀남: 조금만 알아들으실 수 있고, 말은 하실 줄 모릅니다.

한만은: 귀남 씨가 통역할 수 있어요?

방귀남: 저도 조금 밖에 못 하지만, 한번 해 보겠습니다.

한만은: 오늘 저녁에 바이어를 모시고 전무님과 같이 저녁 식사해야 하니 식당 예약 하세요.

방귀남: 알겠습니다. 한식이 좋을까요 아니면 중식이 좋을까요?

한만은: 한식으로 하세요. 듣자 하니 중국인들이 소갈비를 좋아한다고 해요.
명성호텔 옆에 소갈비 집이 있는데 중국인들한테 인기가 좋아요.
거기 중문 메뉴판도 있으니 마 사장님도 알아보실 수 있을 테고요.
그리고 듣기로는 중국인들은 바닥에 앉는 게 습관이 안 된다고 하니 의자에 앉아서 먹을 수 있게 예약하는 게 가장 좋아요.

방귀남: 알겠습니다. 제가 알아보겠습니다.

1. 그는 조금만 알아들을 수 있고, 말은 할 줄 모릅니다.

- 저 혼자만 가면 됩니다.
- 오늘 아침에 저는 빵 한 개만 먹었습니다.
- 저는 뭐 하나만 물어보고 싶은 게 있는데, 지금 시간 있습니까?

- 듣자 하니 중국인은 오직 한 명의 아이만 낳을 수 있다고 합니다.

2. 명성호텔 옆에 소갈비 집이 있습니다.

- 우리 회사 근처에 식당이 많이 있습니다.
- 회사 앞에 지하철역이 있습니다.
- (사무용)책상 위에 노트북 한 대가 있습니다.
- 사무실 안에 사람이 있습니까?

1. 녹음) 중국은행은 어디에 있습니까?

2. 녹음) 그녀들의 기숙사는 어떻습니까?

3. 녹음) 당신은 중문 신문을 보고 이해할 수 있습니까?

4. 녹음) 당신은 단 걸 먹는 것을 좋아합니까?

제4과 당신은 처음 한국에 오셨습니까?

방귀남: 좋은 아침입니다! 제가 식당으로 모셔 가려고 왔습니다.

마 사장:호텔의 서비스가 아주 세심해서 좋습니다.
귀사의 준비에 감사 드립니다.

방귀남: 아닙니다. 당연히 저희가 해야 할 일입니다.
마 사장님께서는 처음 한국에 오신 겁니까?

마 사장:아닙니다. 이전에 와 본 적이 있습니다.

방귀남: 그럴습니까? 언제 오셨습니까?

마 사장:재작년에 왔었습니다.

방귀남: 그때 어디에 가보셨습니까?

마 사장:가족들과 같이 제주도 여행을 갔었습니다.
저는 제주도의 풍경이 정말 아름답다고 생각합니다.
만약 기회가 된다면 한번 더 가보고 싶습니다.

방귀남: 이번에는 어디를 구경해 보고 싶으십니까?

마 사장:명동에 가서 가족에게 줄 선물을 좀 사고 싶습니다. 요즘 명동에 중국 관광객이 아주 많지요?

방귀남: 맞습니다. 아주 많습니다. 제가 내일 명동에 모시고 가겠습니다.

마 사장:감사합니다.

1. 만약 기회가 된다면, 한번 더 가보고 싶습니다.

- 만약 내일 비가 온다면, 우리는 집에서 쉬겠습니다.

- 만약 내일 시간이 있다면, 우리 집에 와서 같이 저녁 먹어요.
- 만약 질문이 더 있으면, 언제든지 저에게 전화를 하세요.
- 만약 가격이 싸다면, 저는 좀 많이 사겠습니다.

2. 당신은 언제 오셨습니까?
- 당신은 어느 해에 대학을 졸업했습니까?
- 당신은 왜 한국에 왔습니까?
- 김 대리가 어제 저에게 알려준 것입니다.
- 저는 남자친구와 같이 갔었습니다.

도전 TSC

1. 녹음) 그들은 언제 결혼했습니까?
2. 녹음) 그들은 농구를 하고 있습니까?
3. 녹음) 만약 내일 시간이 된다면, 우리 집에 와서 같이 저녁 먹어요.
4. 녹음) 만약 당신이 돈이 아주 많다면, 무엇을 하고 싶습니까?

제5과 아닙니다, 아직 멀었습니다.

회화

한만은: 마 사장님, 안녕하세요! 어서 오세요!
　　　　마 사장님이 귀빈이시니 이쪽으로 앉으십시오.
마 사장: 감사합니다. 이번에 귀사에게 많은 폐를 끼치게 되었습니다.
한만은: 아닙니다. 저희는 귀사와 합작할 수 있어서 정말 기쁩니다.
　　　　마 사장님을 위해 소갈비를 주문했습니다. 입맛에 맞으실지 모르겠습니다.
마 사장: "정말 맛있습니다." 제 한국어가 어떻습니까?
한만은: 와~ 정말 유창하십니다.
마 사장: 아닙니다. 아직 멀었습니다.
한만은: 발음도 아주 좋습니다.
　　　　저는 2년전에 중국어를 조금 배웠습니다만, 그다지 잘 하지 못합니다.
　　　　저는 중국어는 재미있긴 하지만, 조금 어렵다고 생각합니다.
전　무: 요즘 회사 발전은 어떠십니까?
마 사장: 비교적 순조롭습니다. 귀사에서 보내주신 견적서를 지난주에 받아보았습니다.
　　　　저희는 귀사의 상품에 관심이 있습니다.
전　무: 귀사의 지지에 감사 드립니다.

마 사장님, 또 한번의 합작을 위해 건배합시다!
마 사장: 건배! 이번 합작이 잘 되길 바랍니다.
　　　　귀사의 사업이 점점 더 발전하기를 기원합니다!

말해보기

1. 요즘 회사 발전은 어떠십니까?
- 그녀는 어떻게 생겼습니까?
- 어젯밤에 잘 주무셨습니까?
- 일정 계획이 어떻습니까?
- 그의 중국어는 어떻습니까?

2. 당신들의 사업이 점점 발전하기를 기원합니다!
- 당신의 생일을 축하합니다!
- 당신의 행복을 기원합니다!
- 새해 복 많이 받기를 기원합니다!
- 건강하시고, 매일 즐겁기를 기원합니다!

도전 TSC

1. 녹음) 그녀는 무엇을 하고 있습니까?
2. 녹음) 그녀는 무엇을 받았습니까?
3. 녹음) 당신은 중국어를 잘 하시네요.
4. 녹음) 당신의 취미는 무엇입니까?

제6과 오늘 또 야근을 해야 합니다.

회화

고대로: 다음 주면 추석을 쇠겠네요. 귀남 씨는 고향으로 가나요?
방귀남: 저는 서울이 고향입니다. 고향이 어디예요?
고대로: 제 고향은 부산이에요. 차를 운전해서 가자니 막히는 게 두렵고, 기차를 타고 가자니 표를 못 구할 까봐 걱정이네요.
방귀남: 그러면 비행기를 타고 가시는 게 좋겠네요. 빠르고 편하잖아요.
한만은: 방귀남 씨! 지난주에 내가 말한 자료는 준비 다 됐나요?
방귀남: 네, 곧 완성 됩니다. 내일 정오 전에 제출하겠습니다.
한만은: 미안하지만, PPT 형식으로 정리해서 줄 수 있나요?
방귀남: 네, 문제없습니다.
한만은: 모레 오전에 회장님께 보고 드려야 하니 될 수 있는 한 빨리 부탁해요.
방귀남: 알겠습니다.

고대로: 곧 퇴근이네요. 같이 저녁 먹어요.
방귀남: 벌써 7시네요, 오늘 또 야근해야 합니다.
고대로: 그럼 나 먼저 갈게요. 천천히 해요.
　　　　뭐 좀 먹는 것도 잊지 말고요.
방귀남: 네, 알겠습니다. 조심히 가세요.

1. 다음 주면 추석을 쉽니다.
- 요즘 어떻게 지내세요?
- 요즘 저는 그런대로 잘 지내고 있습니다.
- 시간이 정말 빨리 가네요.
- 중국인은 생일을 보낼 때 장수면을 먹습니다.

2. 그럼 저 먼저 가겠습니다.
- 제가 먼저 간단하게 저희 회사에 대해 소개하겠습니다.
- 당신은 먼저 김 사장님과 인사하십시오.
- 당신은 화내지 마시고, 먼저 제 얘기를 들어주십시오.
- 당신들은 먼저 손을 씻으십시오.

1. 녹음) 은행은 문을 닫았습니까?
　　　　(은행 업무 시간은 끝났습니까?)
2. 녹음) 당신의 핸드폰은 수리가 됐습니까?
3. 녹음) 듣자 하니 당신은 지난주에 홍콩에 여행 다녀왔다고 하더군요, 재미있었습니까?
4. 녹음) 당신은 야근을 해 봤습니까?

제7과 회사원의 하루는 참으로 힘듭니다.

방귀남: 당신도(과장님도) 오늘 야근하세요?
이설리: 네. 보아하니 걱정이 있는 것 같은데, 왜 그래요?
방귀남: 이게 다 부장님 때문 아니겠습니까!
　　　　부장님께서 제가 작성한 보고서가 맘에 안 든다고 다시 해오라고 하시네요. 맙소사!
이설리: 어떻게 수정하라고는 알려 주셨어요?
방귀남: 구체적인 말씀은 없으셨어요. 단지 내용이 부족하고, 스타일이 참신하지 않다는 말씀만 하셨어요. 맞다! 혹시 PPT 도표 샘플 있으세요?
이설리: 찾아볼게요. 만약 있으면 이메일로 보내줄게요.
방귀남: 부탁합니다. 다음에 커피 대접하겠습니다.

(다음 날)
방귀남: 부장님, 오래 기다리셨습니다. 이 보고서 검토해 주십시오.
　　　　만약에 문제가 있으며 다시 수정하겠습니다.
한만은: 알겠어요. 그럼 가서 일 봐요.
(회사원의 하루는 참으로 힘들다! 오늘은 제발 제시간에 퇴근하고 싶다~)

1. 부장님께서 제 보고서에 만족하지 못하십니다.
- 밤을 새는 건 건강에 좋지 않습니다.
- 중국영화를 보는 게 중국어를 공부하는데 큰 도움이 됩니다.
- 저에게 친절하게 대해주셔서 감사의 뜻을 표합니다.
- (당신이) 저희의 서비스에 만족하시기를 희망합니다.

2. 다음에 커피 대접하겠습니다.
- 오늘은 안 됩니다. 다음에 하시죠.
- 저는 오늘 바빠 죽겠습니다. 다음에 다시 전화 드리겠습니다.
- 이번엔 제가 계산하겠습니다. 다음에 다시 한턱내세요.
- 오늘은 시간이 없습니다. 다음에 다시 얘기하시죠.

1. 녹음) 그들은 몇 번 버스를 타야 합니까?
2. 녹음) 그의 아내는 그에게 무엇을 시키려고 합니까?
3. 녹음) 주말에 당신은 주로 무엇을 합니까?
4. 녹음) 출퇴근할 때에 당신은 주로 어떤 교통수단을 이용합니까?

제8과 이 바지는 다른 색상이 있습니까?

봉　구: 요즘 잘 지내?
방귀남: 나야 늘 똑같지. 무슨 일이야?
봉　구: 나 다음 주에 맞선 봐서 그러는데, 너 나랑 같이 아웃렛에 가서 옷 몇 벌 골라 줄 수 있니?
방귀남: 남자 둘이서 쇼핑을 가자고? 하하. 알았어.
　　　　간 김에 나도 양복이나 봐야겠다.
판매원: 어서 오세요. 어떤 게 필요하세요?

봉　구: 좀 볼게요. 이 바지 다른 색상도 있나요?
판매원: 어떤 색상을 좋아하세요?
　　　　네이비, 화이트, 블랙 3가지 색상이 있습니다.
봉　구: 네이비요. 입어볼 수 있나요?
판매원: 물론이죠. 이쪽으로 오세요.
　　　　사이즈도 적당하고, 디자인도 잘 어울리시네요.
　　　　마침 지금 40%세일하고 있어서 가격도 아주
　　　　좋습니다.
봉　구: 괜찮네요. 이 바지엔 어떤 스타일의 셔츠나 T
　　　　셔츠가 어울릴까요?
판매원: 이 바지엔 어떤 셔츠도 다 어울려요.
봉　구: 그럼 이 바지로 할게요! 귀남아, 너가 보기엔
　　　　어때?
방귀남: 됐어, 됐어. 이걸로 해.
　　　　선보러 가는 거지 결혼하는 게 아니잖아.

1. 귀남 씨, 당신이 보기엔 어떻습니까?
　　• 당신이 보기에 이 옷 사는 게 어떻습니까?
　　• 당신이 보기에 그들 회사의 상품은 어떻습니까?
　　• 당신이 보기에 제 중국어는 어떻습니까?
　　• 당신이 보기에 이번 휴가 때 우리 홍콩으로 가
　　　는 게 어떻습니까?
2. 제가 편하게 보겠습니다.
　　• 당신 편한 대로 하십시오.
　　• 마음대로 한 개 골라 보십시오.
　　• 자유롭게 몇 말씀 해주시겠습니까?
　　• 중국 음식 또는 한국 음식을 먹어도 저는 상관
　　　없으니 오늘은 당신이 좋을 대로 하세요.

1. 녹음) 보기에 그의 기분은 어떻습니까?
2. 녹음) 이 옷은 얼마입니까?
3. 녹음) 듣자 하니 이번에 승진하셨다고요, 축하드립
　　　니다.
4. 녹음) 당신은 어떤 색깔의 옷을 입는 것을 좋아하십
　　　니까?

제9과 제가 당신에게 한 명 소개해 주고 싶은데, 어때요?

봉　구: 옷 사는 건 정말 피곤해.

방귀남: 마침 우리 부모님이 여행 가셔서 집에 아무도
　　　　없어.
　　　　우리 집에 가서 한 잔 하자.
봉　구: 내가 너한테 소개팅 해주려고 하는데, 어때?
　　　　우리 부서 대리님이 나한테 남자친구 소개해
　　　　달라고 하셔서.
방귀남: 뭘 더 물어봐? 난 당연히 좋지.
　　　　그녀는 외모는 어때?
봉　구: 나이는 29살, 키는 165cm, 몸매 좋고, 성격도
　　　　활발해.
　　　　대리님이 말하자마자 바로 네가 생각났어.
방귀남: 조건이 그렇게 좋은데 왜 아직 솔로인 거야?
　　　　눈이 너무 높은 거 아니야?
봉　구:누가 알겠어? 대리님의 백마 탄 왕자가 너 일
　　　　수도 있잖아. 한번 만나봐.
방귀남: 나 같은 킹카를 누가 싫어하겠어? 시간 정해
　　　　서 알려 줘.
봉　구: 내가 대리님 전화번호를 너한테 알려 줄게. 직
　　　　접 연락해봐.
방귀남: 좋아. 진짜 퀸카이길 바래.
봉　구: 잘 되면 나 양복 한 벌 해줘야 해.
방귀남: 하하, 그건 당연하지. 오늘부터 다이어트 시작
　　　　해야겠네.

1. 제가 당신에게 한 명 소개해 주고 싶습니다. 어떻습
　　니까?
　　• 저는 당신에게 그를 소개해 주고 싶습니다.
　　• 저는 당신에게 옷을 한 벌 사 주고 싶습니다.
　　• 저는 당신에게 남자친구 한 명을 찾아 주고 싶
　　　습니다.
　　• 제가 당신에게 가이드를 해 주고 싶습니다.
2. 저는 그녀가 정말로 퀸카이길 바랍니다.
　　• 저는 제 아들이 의사가 되길 바랍니다.
　　• 저는 오늘 당신이 일찍 귀가하길 바랍니다.
　　• 우리가 좋은 친구가 되길 바랍니다.
　　• 저의 중국어 실력은 좀 부족하니 당신이 저에게
　　　중국어를 가르쳐주길 바랍니다.

1. 녹음) 그녀는 어떻게 생겼습니까?
2. 녹음) 그는 언제부터 다이어트를 시작할 계획입니까?
3. 녹음) 오늘 당신은 왜 지각을 했습니까?
4. 녹음) 당신의 상사는 어떤 분이십니까?

제1과 [p.24~27]

연습문제

듣기

녹음)
1. 她买了一件漂亮的衣服。
2. 爸爸在家看电视呢。
3. 朋友们来我家看电影。
4. 她们一起去逛街。

① A　② C　③ B　④ D

말하기

1. 上个星期房贵男去北京出差了。
2. 因为昨天从青岛来客户了，所以房贵男去机场接他了。
3. 房贵男今天吃早饭了。
   / 房贵男今天吃了早饭。
4. 房贵男每天在家吃早饭。
   / 房贵男每天在家吃妈妈做的早饭。

읽기

1. C　2. A　3. B　4. D

쓰기

1. 我买了两件衣服。
2. 他们来我家看中国电影了。
   / 他们来我家看了中国电影。
3. 他因为有急事儿，所以先走了。
   / 因为他有急事儿，所以先走了。
4. 这个牌子的手机不但样子很好看，而且价钱也很便宜。

도전 TSC

1. 녹음) 问：她买了什么?

   她买了衣服。
   / 她买了两件衣服。

2. 녹음) 问：他们去颐和园了吗?

   他们没有去颐和园，去长城了。

3. 녹음) 问：房贵男在吗?

   他不在。他去机场接客户了。

4. 녹음) 问：你结婚了没有?

예) 我结婚了。
   / 我已经结婚了。
   / 我没(有)结婚。
   / 我还没(有)结婚呢。

제2과 [p.38~41]

연습문제

듣기

녹음)
1. 我家一共有五口人。
2. 公司附近有很多饭馆儿。
3. 这儿不可以抽烟。
4. 他坐火车去上海。

① C　② A　③ B　④ D

말하기

1. 今天大概三十五度。
2. 高大路喜欢冬天。
3. 会是会，可是只会一点儿。
4. 今天他们打算在公司附近的多福饭馆儿吃午饭。

읽기

1. A　2. C　3. B　4. D

쓰기

1. 从两点开始开会。
2. 看上去她越来越瘦了。
   / 她看上去越来越瘦了。
3. 我比你重三公斤。/你比我重三公斤。
4. 我觉得四川菜比韩国菜更辣。
   / 我觉得韩国菜比四川菜更辣。

도전 TSC

1. 녹음) 问：今天比昨天热吗?

   今天比昨天热。
   / 今天比昨天热(一)点儿。
   / 今天比昨天热一些。

2.

飞机更快。
/ 飞机比火车更快。

3.

金科长比我矮。
/ 我比金科长更高。
/ 金科长没有我高。

4.

예) 我喜欢夏天。
/ 我喜欢冬天。
/ 因为我怕冷，所以我喜欢夏天。
/ 因为我怕热，所以我喜欢冬天。

제3과 [p.54~57]

연습문제

듣기

① A　② D　③ B　④ C

말하기

1. 明星酒店在首尔站对面。
2. 从公司到明星酒店很近。
　/ 从公司到明星酒店不远。
3. 他只听得懂一点儿，但不会说。
　/ 他只听得懂一点儿。
4. 韩万恩听说中国人很喜欢吃牛排，所以觉得吃韩餐好。

읽기

1. B　2. D　3. A　4. C

쓰기

1. 咱们去吃快餐吧，又快又便宜。
　/ 咱们去吃快餐吧，又便宜又快。

2. 我很希望我儿子上大学。
3. 你的旁边是谁？
4. 今天早上我只吃了一个面包。
　/ 我今天早上只吃了一个面包。

1.

中国银行在我们公司对面。
/ 中国银行在电影院和百货商店的中间。

2.

她们的宿舍又大又干净。

3.

我看不懂（中文报）。
/ 我不会汉语，所以当然看不懂中文报。

4.

예) 我喜欢吃甜的。
/ 我不喜欢吃甜的。
/ 我非常喜欢甜的，但又怕胖。

제4과 [p.68~71]

연습문제

듣기

① B　② C　③ A　④ D

말하기

1. 马总觉得酒店的服务十分周到。
2. 马总是前年来韩国的。
　/ 马总是前年来的韩国。
3. 马总以前来韩国的时候去过济州岛。
　/ 马总以前来韩国的时候跟家人一起去济州岛旅行了。
4. 因为马总想去明洞给家人买点儿礼物。

/ 因为马总想给家人买点儿礼物，所以他想去明洞（逛逛）。

읽기

1. C **2.** B **3.** A **4.** D

쓰기

1. 如果明天下雨的话，我们就在家休息。
2. 你是哪年大学毕业的？
3. 请再说一遍。
4. 我从来没有吃过火锅。

도전 TSC

1. 녹음) 问：他们什么时候结婚的？

他们(是)2013年10月结婚的。

2. 녹음) 问：他们在打篮球吗？

没有，他们在打网球呢。
/ 他们没在打篮球，在打网球呢。

3. 녹음) 问：如果明天你有空的话，就来我家一起吃晚饭吧！

好！明天我大概六点左右可以到你家。
/ 不好意思。明天我有事儿，后天怎么样？

4. 녹음) 问：如果你有很多钱的话，想做什么？

예) 如果我有很多钱的话，到世界各地旅行。
/ 如果我有很多钱的话，想做的事情很多。最想做的事情是到世界各地旅行。

제5과 [p.84~87]

연습문제

듣기

녹음)
1. 天气越来越热。
2. 外边正在下雪呢。
3. 他们在踢足球呢。
4. 我感兴趣的是高尔夫。

① D   ② C   ③ B   ④ A

말하기

1. 韩万恩觉得马总(说)韩语说得真流利。
/ 韩万恩觉得马总说得真流利。
2. 韩万恩觉得学汉语有意思是有意思，可是有点儿难。
/ 韩万恩觉得 自己（汉语）说得不好。
3. 韩万恩两年前学过（一点儿）汉语。
4. 近来马总公司发展得比较顺利。

읽기

1. C **2.** A **3.** D **4.** B

쓰기

1. 哪里哪里，还差得远呢。
2. 我打网球打得不好。
3. 他唱得不好。
4. 我对中国历史感兴趣。

도전 TSC

1. 녹음) 问：她在做什么呢？

她在百货商店买东西呢。
/ 她在百货商店逛逛。
/ 她在百货商店买东西。今天她（买）东西买得很多。

2. 녹음) 问：她收到了什么？

她收到了生日礼物。
/ 她收到了非常漂亮的一条裙子。

3. 녹음) 问：你说汉语说得很好。

哪里哪里，还差得远呢。
/ 哪里哪里，你过奖了。

*참고 단어: 过奖 guòjiǎng 과찬이십니다, 과분한 칭찬이십니다

4. 녹음) 问：你有什么爱好？

예) 我的爱好是看电影。
/ 我有很多爱好。打高尔夫，钓鱼，爬山等等。
/ 我喜欢打高尔夫球。但打得不好。

제6과 [p.96~101]

연습문제

듣기

녹음)
1. 飞机票买到了。
2. 昨天我去他公司的时候，他正在开会呢。
3. 这是我的名片，有什么事你可以给我打电话。
4. 下个月他们要结婚了。

① C   ② A   ③ B   ④ D

말하기

1. 高大路的老家在釜山。
2. 高大路开车回老家的话，怕堵(车)。
3. 没有。因为房贵男今天得加班，所以他们不能一起吃晚饭了。
4. 因为房贵男要写报告。
   / 因为房贵男要写报告，所以得加班。

읽기

1. A   2. C   3. B   4. D

쓰기

1. 我们今天说到这儿吧。
   / 今天我们说到这儿吧。
2. 他没听懂我说的话。
   / 我没听懂他说的话。
3. 你先跟金总打招呼吧。
4. 明天你们尽量早点儿出发吧。

도전 TSC

1. 녹음) 问：银行关门了吗?

   银行快要关门了。/
   还没（关门）。银行4点半关门。

2. 녹음) 问：你的手机修好了没有?

   我的手机修好了。/ 已经修好了。

3. 녹음) 问：听说上个星期你去香港旅行了，玩得好吗?

玩得很好。
/ 玩得很好，有机会的话还想去。

4. 녹음) 问：你加过班吗?

예) 我加过班。
   / 有是有，不过我们公司除了年末和平时比较忙的时候以外，一般都不加班的。
   / 当然有的。虽然常常加班，但是每次都给加班费，所以我们加班的时候都非常努力工作。

제7과 [p.114~117]

연습문제

듣기

녹음)
1. 金部长叫我去机场接客户。
2. 我住在首尔。
3. 银行在百货商店的前边。
4. 下班以后我要去超市，想买一些水果。

① C   ② D   ③ B   ④ A

말하기

1. 李雪莉今天也要加班。
2. 部长让房贵男重新做报告。
3. 他没有具体告诉房贵男（怎么改）。
4. 没有。
   / 今天没有，房贵男改天请李雪莉喝咖啡。

읽기

1. A   2. D   3. B   4. C

쓰기

1. 你让他接电话。 / 他让你接电话。
2. 你想让我怎么做?
3. 我今天忙死了，改天再给你打电话。
4. 我住在公寓。

도전 TSC

1. 녹음) 问：他们得坐几路公共汽车?

他们得坐六二零路公共汽车。

2. 녹음) 问：他爱人想让他做什么？

他爱人想让他做菜。
/ 他爱人想让他做饭。

3. 녹음) 问：周末你常常做什么呢？

周末的时候我（喜欢）躺在床上看电视或坐在
沙发上看书。

4. 녹음) 问：上下班的时候，你一般用什么交
通工具呢？

예) 上下班的时候我一般坐公共汽车。
/ 上下班的时候我喜欢坐地铁，我觉得坐地
铁又方便又快。

제8과 [p.128~131]

연습문제

듣기

녹음)

1. 他们是2015年结婚的。
2. 咖啡对身体没有好处，别喝太多。
3. 他们是2013年大学毕业的。
4. 她喜欢听音乐。

① B　②D　③ A　④ C

말하기

1. 因为他下周要相亲，所以想去奥特莱斯商城买
衣服。
2. 房贵男顺便想去看西服。
3. 凤九要的裤子有三种颜色。
/ 凤九要的裤子有深蓝色、白色、黑色三种。
4. 这家店正在打六折。

읽기

1. B　**2.** C　**3.** D　**4.** A

쓰기

1. 去超市的时候，顺便去银行换钱。
/ 去银行换钱的时候，顺便去超市。
2. 你看，他们公司的产品怎么样？
3. 这件衣服很合适，不大也不小。

/ 这件衣服不大也不小，很合适。
4. 明天我想见他的面。

1. 녹음) 问：看起来他心情怎么样？

看起来他很生气。
/ 他看起来很生气。

2. 녹음) 问：这件衣服多少钱？

这件衣服七十块。
/ 这件衣服原价是一百块，正巧今天打七折，
七十块。

3. 녹음) 问：听说这次您升职了，恭喜恭喜！

谢谢你，有时间的时候咱们一起吃顿饭吧。
/ 是啊！谢谢你，有空的时候咱们一起吃顿
饭吧。我来请客。

4. 녹음) 问：你喜欢穿什么颜色的衣服？

예) 我比较喜欢深色，不喜欢浅色。所以我平
时都穿黑色或者灰色的衣服。
/ 我比较喜欢浅色，不喜欢深色。 所以平
时我都穿白色或者米色的衣服。
/ 我平时都穿白色或者米色的衣服，看上去
又干净又舒服。
/ 我喜欢穿深色的衣服，我从来没有穿过浅
色的衣服。

제9과 [p.144~147]

연습문제

듣기

녹음)

1. 我一到办公室就开电脑。
2. 请给我发票。
3. 明天我跟朋友六点三十分见面。
4. 昨天我是晚上六点三刻回家的。

① A　②B　③D　④C

말하기

1. 房贵男的父母去旅行了。

2. 他们可能在房贵男家喝酒。

3. 凤九想给房贵男介绍的女性有1米65。
/ 她的身高1米65。

4. 凤九想给房贵男介绍的女性今年29岁。
/ 今年她29岁。

善良 shànliáng 〔형〕 선량하다, 착하다
尊敬 zūnjìng 〔명〕〔동〕 존경, 존경하다

읽기

1. D **2.** A **3.** B **4.** C

쓰기

1. 怎么这么热，可能办公室空调坏了。
/ 办公室怎么这么热，可能空调坏了。

2. 我想给你找个男朋友。

3. 时间不早了，我该回家了。

4. 这条裤子不大也不小，正好。

도전 TSC

1. 녹음) 问：她长得怎么样?

她长得很漂亮。
/ 她长得很漂亮。她的头发又黑又长，眼睛大
大的。
/ 她又高又漂亮。

2. 녹음) 问：她打算什么时候开始减肥?

她从下星期一开始减肥。
/ 她打算从下星期一起减肥。

3. 녹음) 问：今天你怎么迟到了?

真不好意思，今天起床起得晚。
/ 对不起，今天起得晚(起晚了)。以后我再也
不迟到了。

4. 녹음) 问：你的上司是什么样的人?

예) 我的上司很帅。个子高高的，不胖也不
瘦，长得象金秀贤。而且他的性格也十分
开朗。所以我们都喜欢他。
/ 我真的一点儿也不喜欢我的上司。我不会
喝酒，但是我们部门聚餐的时候他老是让
我喝酒。
/ 我的上司是一个特别善良、亲切的人。她
对待工作非常认真，对我们的生活也十分
关心。所以我们都非常尊敬她。

* 참고 단어: 老是 lǎoshi 〔부〕 언제나, 늘

제1과 당신은 보통 회사 식당에서 아침을 먹습니까?

단어

脸色 liǎnsè 명 안색, 얼굴색

天 tiān 명 날, 일, 하루

怪不得 guàibude 부 어쩐지

总是 zǒngshì 부 늘, 줄곧, 언제나

关机 guānjī 동 (핸드폰, 컴퓨터 등의) 전원을 끄다

因为 yīnwèi 접 왜냐하면

所以 suǒyǐ 접 그래서, 그러므로

青岛 Qīngdǎo 고유 칭다오, 청도(지명)

原来如此 yuánlái rúcǐ 알고 보니 그렇다, 과연 그렇다

急 jí 형 동 급하다, 초조해하다

已经 yǐjīng 부 이미, 벌써

解决 jiějué 동 해결하다, 풀다

还 hái 부 아직

不但 búdàn 접 ~뿐만 아니라

价钱 jiàqián 명 가격

而且 érqiě 접 게다가, 또한

每 měi 대 부 매, 각, 늘, 항상

不好意思 bù hǎoyìsi 죄송하다, 미안하다, 창피하다, 부끄럽다

羡慕 xiànmù 동 부러워하다

TSC 필수 어휘

开 kāi 동 열다, (기계 등을) 켜다, 운전하다

关 guān 동 닫다, (기계 등을) 끄다

穿 chuān 동 (옷을) 입다, (신발 등을) 신다

脱 tuō 동 (옷, 신발 등을) 벗다

打 dǎ 동 때리다, (전화를) 걸다, (손으로 하는 운동을) 하다

接 jiē 동 (전화를) 받다, 마중하다

送 sòng 동 보내다, 배웅하다

忘 wàng 동 잊다

丢 diū 동 잃다

推 tuī 동 밀다

拉 lā 동 당기다

TSC 필수 관용어 & 사자성어

开夜车 kāi yèchē (일, 공부 등으로) 밤을 새다

有门儿 yǒu ménr 방법이 있다

家常(便)饭 jiācháng-(biàn)fàn
지극히 평범한 일, 흔히 있는 일, 다반사

笨鸟先飞 bènniǎo xiānfēi 둔한 새가 먼저 난다
(능력이 모자란 사람이 남보다 뒤질까 봐 먼저 행동하는 것을 말한다)

더하기

职业 zhíyè 명 직업

军人 jūnrén 명 군인

警察 jǐngchá 명 경찰

律师 lùshī 명 변호사

消防队员 xiāofáng duìyuán 명 소방관

厨师 chúshī 명 요리사

美发师 měifàshī 명 미용사

医生 yīshēng 명 의사

大夫 dàifu 명 의사

护士 hùshi 명 간호사

会计师 kuàijìshī 명 회계사

画家 huàjiā 명 화가

记者 jìzhě 명 기자

设计师 shèjìshī 명 디자이너

播音员 bōyīnyuán 명 아나운서

歌手 gēshǒu 명 가수

演员 yǎnyuán 명 배우

模特儿 mótèr 명 모델

工程师 gōngchéngshī 명 엔지니어

제2과 점점 더워집니다.

단어

开始 kāishǐ 통 시작하다, 시작되다
这么 zhème 대 이렇게
死 sǐ 통 죽다
到底 dàodǐ 부 도대체
度 dù 양 (온도) 도
好像 hǎoxiàng 부 마치 ~와 같다, 마치 ~인 것 같다
比 bǐ 개 ~에 비해, ~보다
越来越 yuè lái yuè 부 더욱더, 점점, 갈수록
过 guò 통 지내다, 보내다, 경과하다
滑雪 huáxuě 명동 스키, 스키를 타다
滑板 huábǎn 명 보드
冷面 lěngmiàn 명 냉면
棒 bàng 형 훌륭하다, 대단하다
附近 fùjìn 명 근처, 근방, 부근
饭馆儿 fànguǎnr 명 음식점
尝 cháng 통 맛보다

TSC 필수 어휘

兴趣 xìngqù 명 관심, 흥미, 취미
爱好 àihào 명동 취미, 애호하다(좋아하다)
假期 jiàqī 명 휴가 기간, 방학 기간
寒假 hánjià 명 겨울방학
暑假 shǔjià 명 여름방학
国外 guówài 명 국외
国内 guónèi 명 국내
郊游 jiāoyóu 통 교외로 놀러 나가다
景点 jǐngdiǎn 명 관광지, 명승지, 경치가 좋은 명소
风景 fēngjǐng 명 풍경, 경치
留下 liúxià 통 남기다
深刻 shēnkè 형 (인상이) 깊다

印象 yìnxiàng 명 인상
自助游 zìzhùyóu 명 자유여행

TSC 필수 관용어 & 사자성어

白开水 báikāishuǐ 무미건조하다
手痒痒 shǒu yǎngyang 손이 근질근질하다
众所周知 zhòngsuǒ zhōuzhī 모든 사람이 다 알다
花钱买罪受 huāqián mǎi zuì shòu
돈은 돈대로 쓰고 생고생만 하다

더하기

运动 yùndòng 명 운동
篮球 lánqiú 명 농구
棒球 bàngqiú 명 야구
排球 páiqiú 명 배구
网球 wǎngqiú 명 테니스
壁球 bìqiú 명 스쿼시
乒乓球 pīngpāngqiú 명 탁구
羽毛球 yǔmáoqiú 명 배드민턴
保龄球 bǎolíngqiú 명 볼링
太极拳 tàijíquán 명 태극권
跆拳道 táiquándào 명 태권도
拳击 quánjī 명 권투
足球 zúqiú 명 축구
(做)瑜伽 (zuò) yújiā 명동 요가(하다)
游泳 yóu//yǒng 통 수영하다
爬山 pá//shān 통 등산하다

제3과 그는 한국어를 알아들을 수 있습니까?

단어

酒店 jiǔdiàn 명 호텔
明星酒店 míngxīng jiǔdiàn 고유 명성호텔

又A又B yòu A yòu B A이기도 하고 B이기도 하다

环境 huánjìng 명 환경, 주위 상황

干净 gānjìng 형 깨끗하다

得 de 조 동사와 보어의 가운데 쓰여 가능을 나타냄

韩语 Hányǔ 명 한국어

做得了 zuòdeliǎo 해낼 수 있다

翻译 fānyì 동 명 번역하다, 통역하다, 번역, 번역가

试 shì 동 시도하다, 시험 삼아 해보다

今晚 jīnwǎn 명 오늘 저녁

陪 péi 동 모시다, 수행하다, 동반하다

专务 zhuānwù 명 전무(직위)

餐厅 cāntīng 명 식당, 음식점

明白 míngbai 동 형 이해하다, 알다, 분명하다, 명백하다

韩餐 háncān 명 한국요리

中餐 zhōngcān 명 중국요리

牛排 niúpái 명 스테이크, 소갈비

受 shòu 동 받다, 받아들이다, 당하다

中文 Zhōngwén 명 중국어[중국의 언어와 문자]

惯 guàn 동 습관이 되다, 익숙해지다

地板 dìbǎn 명 마루, 바닥

椅子 yǐzi 명 의자

打听 dǎting 동 물어보다, 알아보다, 탐문하다

吃得惯 chīdeguàn 입에 맞다

吃不惯 chībuguàn 입에 맞지 않다

买得起 mǎideqǐ (경제적으로) 살 수 있다

买不起 mǎibuqǐ (경제적으로) 살 수 없다

买得到 mǎidedào (물건이 있어) 살 수 있다

买不到 mǎibudào (물건이 없어) 살 수 없다

看得完 kàndewán 다 읽을 수 있다

看不完 kànbuwán 다 읽을 수 없다

看得清楚 kàndeqīngchu 분명히 볼 수 있다

看不清楚 kànbuqīngchu 분명히 볼 수 없다

想得起来 xiǎngdeqǐlái 생각이 나다

想不起来 xiǎngbuqǐlái 생각이 나지 않다

来得及 láidejí 늦지 않다

来不及 láibují 늦을 수 있다

忘得了 wàngdeliǎo 잊을 수 있다

忘不了 wàngbuliǎo 잊을 수 없다

听得见 tīngdejiàn 들리다

听不见 tīngbujiàn 들리지 않다

问好 wènhǎo 동 안부를 묻다

告别 gàobié 동 고별하다, 작별 인사를 하다

保重 bǎozhòng 동 건강에 주의하다, 몸조심하다
[주로 남에게 건강에 주의하기를 바란다는 말]

打招呼 dǎ//zhāohu 동 인사하다, 인사를 나누다

舍不得 shěbude 동 아쉽다, 아쉬워하다

注意 zhùyì 동 주의하다

联系 liánxì 동 연락하다

打工 dǎgōng 동 아르바이트를 하다

目的 mùdì 명 목적

赚钱 zhuànqián 동 돈을 벌다

体会 tǐhuì 동 체험하여 깨닫다

经验 jīngyàn 명 동 경험, 경험하다

开绿灯 kāi lǜdēng 허락하다, 길을 내주다

小意思 xiǎo yìsi 작은 마음의 표시, 사소한 일, 별거 아니다

久闻大名 jiǔwén dàmíng 존함은 익히 들었습니다

一路顺风 yílù shùnfēng 가는 길이 순조롭길 바랍니다

더하기

酒店 jiǔdiàn 명 호텔
宾馆 bīnguǎn 명 호텔
预订 yùdìng 동 예약하다
服务台 fúwùtái 명 프론트
登记 dēngjì 동 체크인하다
退房 tuìfáng 동 체크아웃하다
押金 yājīn 명 보증금, 담보금, 선금
单人间 dānrénjiān 명 1인실
双人间 shuāngrénjiān 명 2인실
商务房 shāngwùfáng 명 비즈니스룸
房卡 fángkǎ 명 방키(방카드)
商务中心 shāngwù zhōngxīn 명 비즈니스센터
叫醒服务 jiàoxǐng fúwù 명 모닝콜 서비스
游泳池 yóuyǒngchí 명 수영장
健身房 jiànshēnfáng 명 헬스장
桑拿(浴) sāngná(yù) 명 사우나
服务费 fúwùfèi 명 봉사료(Service Charge)
小费 xiǎofèi 명 팁(tip)

제4과 당신은 처음 한국에 오셨습니까?

단어

服务 fúwù 명 서비스
十分 shífēn 부 매우, 아주, 대단히
周到 zhōudào 형 세심하다, 빈틈이 없다, 꼼꼼하다
第 dì 접 (수사 앞에서) 제[수사 앞에 쓰여 순서를 나타냄]
次 cì 양 번, 회[동작의 횟수를 세는 단위]
过 guo 조 동사 뒤에 쓰여 동작의 경험을 강조
以前 yǐqián 명 이전, 예전
前年 qiánnián 명 재작년
那时候 nà shíhou 그때
济州岛 Jìzhōu Dǎo 고유 제주도(지명)

旅行 lǚxíng 동 여행하다
风景 fēngjǐng 명 풍경, 경치
美 měi 형 아름답다
极了 jíle 매우, 아주, 몹시[뒤에 위치해 뜻을 매우 강조할 때 쓰임. 대신 형용사 앞에는 아무것도 존재할 수 없음]
如果 rúguǒ 접 만약
的话 dehuà 조 ~하다면, ~라면
明洞 Míngdòng 고유 명동(지명)
游客 yóukè 명 여행객, 관광객
挺 tǐng 부 매우, 아주, 대단히

정리노트

次 cì 양 반복 출현하는 동작
回 huí 양 '次'와 같은 의미이나 좀 더 구어적인 느낌
遍 biàn 양 동작의 처음부터 끝까지 전 과정
下 xià 양 한번 시험 삼아 해 보다.
趟 tàng 양 사람이나 차의 왕래 횟수 (왕복)
顿 dùn 양 욕, 구타, 질책 등에 쓰임
场 chǎng 양 문예, 오락, 체육활동 등에 쓰임

TSC 필수 어휘

节省 jiéshěng 동 아끼다, 절약하다
省钱 shěngqián 동 돈을 아끼다, 절약하다
名牌 míngpái 명 명품
优惠 yōuhuì 형 특혜의, 우대의
购物 gòuwù 동 구매하다, 구입하다, 쇼핑하다
购物中心 gòuwù zhōngxīn 명 쇼핑몰, 쇼핑센터
大型超市 dàxíng chāoshì 명 대형마트
传统市场 chuántǒng shìchǎng 명 전통(재래)시장
便利店 biànlìdiàn 명 편의점
积分 jīfēn 동 포인트를 쌓다
借记卡 jièjìkǎ 명 직불카드

会员卡 huìyuánkǎ 명 회원카드

血汗钱 xuèhànqián 피땀 흘려 번 돈
侃大山 kǎndàshān 잡담하다, 수다 떨다, 한담하다
打发时间 dǎfā shíjiān 시간을 보내다, 시간을 때우다
一举两得 yìjǔ liǎngdé 일거양득

더하기

爱好 àihào 명 취미
看电影 kàn diànyǐng 동 영화를 보다
上网 shàng//wǎng 동 인터넷을 하다
旅游 lǚyóu 동 여행하다
旅行 lǚxíng 동 여행하다
玩游戏 wán yóuxì 동 게임을 하다
听音乐 tīng yīnyuè 동 음악을 듣다
看表演 kàn biǎoyǎn 동 공연을 보다
看演唱会 kàn yǎnchànghuì 동 콘서트를 보다
照相 zhàoxiàng 동 사진을 찍다
摄影 shèyǐng 동 사진을 찍다
拍照 pāi//zhào 동 사진을 찍다
看书 kàn shū 동 책을 보다
画画儿 huà huàr 동 그림을 그리다
弹钢琴 tán gāngqín 동 피아노를 치다
钓鱼 diàoyú 동 낚시하다
下棋 xià//qí 동 바둑을 두다, 장기를 두다
围棋 wéiqí 명 바둑
象棋 xiàngqí 명 장기

제5과 아닙니다, 아직 멀었습니다.

단어

进 jìn 동 (밖에서 안으로) 들다, 들어오다

贵宾 guìbīn 명 귀빈, 귀중한 손님
添 tiān 동 보태다, 더하다
麻烦 máfan 명 말썽, 골칫거리, 부담
合作 hézuò 동 합작하다, 협력하다
份 fèn 양 인분[일인당 먹을 음식의 양을 세는 단위]
合 hé 동 (입맛에) 맞다, 적합하다
味口 wèikǒu 명 입맛
哇 wa 감 와, 아[뜻밖의 놀람을 나타냄]
流利 liúlì 형 (말, 문장이) 유창하다
差 chà 형 (표준에) 못 미치다, 못하다
发音 fāyīn 명 발음
虽然 suīrán 접 비록 ~일지라도, 설령 ~라도
不太 bú tài 그다지 ~하지 않다
可是 kěshì 접 그러나, 하지만
近来 jìnlái 명 근래, 요즘, 최근
发展 fāzhǎn 동 발전하다, 확대 발전시키다
比较 bǐjiào 부 비교적
发 fā 동 보내다, 건네다, 부치다, 발송하다
产品 chǎnpǐn 명 제품
报价单 bàojiàdān 명 (상품 가격의) 견적서
上周 shàngzhōu 명 지난주
收到 shōudào 동 받다, 얻다, 수령하다
对……感兴趣 duì……gǎnxìngqù
　　　　　동 ~에 대해 흥미가 있다, 관심이 있다
支持 zhīchí 동 지지하다
再次 zàicì 부 재차, 거듭, 다시 한번
愉快 yúkuài 형 기쁘다, 유쾌하다
祝 zhù 동 기원하다, 축복하다
生意 shēngyi 명 장사, 사업, 비즈니스(business), 거래

咸 xián 형 짜다
辣 là 형 맵다

酸 suān [형] 시다

苦 kǔ [형] 쓰다

甜 tián [형] 달다

加酱油 jiā jiàngyóu 간장을 넣다

搁盐 gē yán 소금을 넣다

放糖 fàng táng 설탕을 넣다

上菜 shàng//cài [동] (음식이) 나오다

做客 zuò//kè [동] 손님이 되다, 방문하다

蒸煮袋 zhēngzhǔdài [명] (데우기만 하면 바로 되는) 즉석요리

方便食品 fāngbiàn shípǐn [명] 인스턴트식품

绿色食品 lǜsè shípǐn [명] 녹색식품, 무공해식품

有机食品 yǒujī shípǐn [명] 유기농식품

TSC 필수 관용어 & 사자성어

东道主 dōngdàozhǔ

(손님을 초대한) 주인, 주최국, 초대자

露一手 lòu yìshǒu 솜씨를 보여주다

人是铁，饭是钢 rén shì tiě, fàn shì gāng
사람이 무쇠라면 밥은 강철이다. 먹어야 힘이 난다

民以食为天 mínyǐshíwéitiān
식량은 사람에게 가장 중요한 필수품이다

더하기

餐厅 cāntīng [명] 식당

餐具 cānjù [명] 식기도구

桌子 zhuōzi [명] 테이블

椅子 yǐzi [명] 의자

勺子 sháozi [명] 숟가락

筷子 kuàizi [명] 젓가락

叉子 chāzi [명] 포크

碟子 diézi [명] 접시

盘子 pánzi [명] 쟁반, 큰 접시

汤碗 tāngwǎn [명] 국그릇

饭碗 fànwǎn [명] 밥그릇

茶杯 chábēi [명] 찻잔

餐巾纸 cānjīnzhǐ [명] 냅킨

湿毛巾 shīmáojīn [명] 물수건

壶 hú [명] 주전자

菜单 càidān [명] 메뉴판

矿泉水 kuàngquánshuǐ [명] 광천수, 생수

牙签 yáqiān [명] 이쑤시개

제6과 오늘 또 야근을 해야 합니다.

단어

就要 jiùyào [명] 멀지 않아, 곧[상황이 곧 발생함을 나타냄]

中秋节 Zhōngqiū Jié [명] 중추절, 추석

回 huí [동] 돌아가다, 돌아오다

老家 lǎojiā [명] 고향

釜山 Fǔshān [고유] 부산(지명)

堵 dǔ [동] 막히다

火车 huǒchē [명] 기차

票 piào [명] 표, 티켓

方便 fāngbiàn [형] 편리하다

材料 cáiliào [명] 자료, 데이터(Data)

完成 wánchéng [동] 완성하다, (예정대로) 끝내다, 완수하다

格式 géshi [명] 격식, 양식, (파일)형식

整理 zhěnglǐ [동] 정리하다

向 xiàng [개] ~(으)로, ~에게, ~을(를) 향하여

董事长 dǒngshìzhǎng [명] 회장

报告 bàogào [동][명] 보고하다, 보고서, 리포트

尽量 jǐnliàng [부] 가능한 한, 되도록, 될 수 있는 대로

快要 kuàiyào [부] 곧, 머지않아 ~하다

又 yòu [부] 또, 다시, 거듭[어떤 동작이나 상황이 중복되거나 계속됨을 나타냄]

得 děi 조동 ~해야 한다

加班 jiā//bān 동 야근하다

走 zǒu 동 걷다, 떠나다, 가다

慢慢儿 mànmānr 부 천천히

慢走 mànzǒu 동 안녕히 가세요, 조심히 가세요, 살펴 가세요

到 dào 동 목적을 달성하다, 어떤 시점이나 지점에 도달하다

完 wán 동 완료하다, 완성하다

好 hǎo 동 완성하다(만족할 만한 상태가 됨)

懂 dǒng 동 알다, 이해하다

清楚 qīngchu 형 분명하다

见 jiàn 동 무의식적인 대상의 감지하다

惯 guàn 동 익숙하다

面试 miànshì 동 면접을 보다

招聘 zhāopìn 동 (공모 방식으로) 초빙하다, 모집하다

财务 cáiwù 명 재무

购买 gòumǎi 동 구매하다, 구입하다

营业 yíngyè 동 영업하다

粗心 cūxīn 형 세심하지 못하다

仔细 zǐxì 형 세심하다, 꼼꼼하다

负责 fùzé 동 책임을 지다

业务 yèwù 명 업무

跳槽 tiào//cáo 동 직업을 바꾸다

退休 tuìxiū 동 퇴직하다

稳定 wěndìng 형 안정적이다

将来 jiānglái 명 장래

就业 jiù//yè 동 취업하다

踢皮球 tī píqiú 책임을 떠넘기다

卖关子 mài guānzi 뜸 들이다

吃鸭蛋 chī yādàn 빵점을 맞다

一锅粥 yì guō zhōu 뒤죽박죽

单位 dānwèi 명 단위

长度 chángdù 명 길이

公里 gōnglǐ 양 킬로미터(km)

米 mǐ 양 미터(m)

厘米 límǐ 양 센티미터(cm)

公分 gōngfēn 양 센티미터(cm)

毫米 háomǐ 양 밀리미터(mm)

重量 zhòngliàng 명 무게, 중량

公斤 gōngjīn 양 킬로그램(kg)

克 kè 양 그램(g)

毫克 háokè 양 밀리그램(mg)

斤 jīn 양 근(= 500g)

吨 dūn 양 톤(ton)

容积 róngjī 명 부피

升 shēng 양 리터(ℓ)

毫升 háoshēng 양 밀리리터(㎖)

面积 miànjī 명 면적

平方米 píngfāngmǐ 양 제곱미터(㎡)

제7과 회사원의 하루는 참으로 힘듭니다.

看起来 kàn qǐlai 동 보아하니, 보기에 ~인 것 같다

心事 xīnshì 명 걱정거리, 시름, 고민

满意 mǎnyì 형 만족하다, 흡족하다

让 ràng 통 ~하게 하다, ~하게 시키다

重新 chóngxīn 부 다시, 재차, (방식이나 내용을 바꾸어) 새로

改 gǎi 통 고치다, 바꾸다, 수정하다

具体 jùtǐ 형 구체적이다

内容 nèiróng 명 내용

充足 chōngzú 형 충분하다, 충족하다

样式 yàngshì 명 형식, 모양, 스타일

新颖 xīnyǐng 형 신선하다, 참신하다

图表 túbiǎo 명 도표, 그림표

样本 yàngběn 명 견본, 샘플(sample)

邮件 yóujiàn 명 메일

拜托 bàituō 통 부탁하다

改天 gǎitiān 명 후일, 다른 날, 나중

请 qǐng 통 부탁하다, 초청하다, 초대하다, 한턱 내다

久 jiǔ 형 오래다, (시간이) 길다

要是 yàoshi 접 만약, 만약 ~라면

上班族 shàngbānzú 명 출퇴근족, 샐러리맨, 회사원

一天 yìtiān 명 하루

正点 zhèngdiǎn 명 정시, 정각, 규정된 시각

정리노트

给 gěi 통 물건을 받는 사람 쪽으로 이동 시킴

在 zài 통 어느 장소에 정착하다

住 zhù 통 견고함이나 안정됨을 나타냄

成 chéng 통 변화하여 다른 것이 됨

干净 gānjìng 형 깨끗하다

光 guāng 형 조금도 남지 않음(아무것도 없다)

错 cuò 형 틀리다

对 duì 형 맞다

TSC 필수 어휘

碰头会 pèngtóuhuì 명 미팅(meeting)

度假村 dùjiàcūn 명 리조트

马大哈 mǎdàhā 명 덜렁꾼, 덜렁이, 부주의한 사람

连续剧 liánxùjù 명 연속극, 드라마

挂号信 guàhàoxìn 명 등기편지

休闲服 xiūxiánfú 명 캐주얼 의복(평상복)

遗憾 yíhàn 형 유감이다, 아쉽다

推迟 tuīchí 통 연기하다

提前 tíqián 통 앞당기다

携带 xiédài 통 휴대하다

方便 fāngbiàn 형 편리하다

选择 xuǎnzé 통 선택하다

TSC 필수 관용어 & 사자성어

开门红 kāiménhóng
좋은 출발을 하다, 시작부터 큰 성과를 거두다

金饭碗 jīnfànwǎn 좋은 직업

同舟共济 tóngzhōu-gòngjì
같은 배를 타고 강을 함께 건너다 (한 마음으로 협력하여 함께 곤경을 헤쳐 나가다)

早起的鸟儿有虫吃
zǎo qǐ de niǎor yǒu chóng chī
일찍 일어나는 새가 벌레를 잡는다 (부지런해야 성공한다)

더하기

感情 gǎnqíng 명 감정

快乐 kuàilè 형 즐겁다

幸福 xìngfú 형 행복하다

高兴 gāoxìng 형 기쁘다

有意思 yǒu yìsi 재미있다

冷静 lěngjìng 형 침착하다

原谅 yuánliàng 통 용서하다

放心 fàng//xīn 통 안심하다

兴奋 xīngfèn 통 흥분하다, 감격하다

生气 shēng//qì 동 화내다
失望 shīwàng 동 실망하다
难过 nánguò 형 슬프다, 괴롭다
伤心 shāngxīn 동 상심하다
无聊 wúliáo 형 지루하다, 심심하다
吃惊 chī//jīng 동 놀라다
忧郁 yōuyù 형 우울하다
后悔 hòuhuǐ 동 후회하다

제8과 이 바지는 다른 색상이 있습니까?

相亲 xiāngqīn 동 맞선을 보다
奥特莱斯商城 àotèláisī shāngchéng
명 아웃렛(outlet)
选 xuǎn 동 고르다, 선택하다
俩 liǎ 수 두 개, 두 사람
购物 gòuwù 동 구매하다, 구입하다, 쇼핑하다
顺便 shùnbiàn 부 ~하는 김에, 겸사겸사
西服 xīfú 명 양복
条 tiáo 양 가늘고 긴 것을 세는 단위
颜色 yánsè 명 색깔, 컬러
什么样 shénmeyàng 대 어떠한, 어떤 모양
深 shēn 형 깊다, (색이) 짙다
蓝色 lánsè 명 파란색
白色 báisè 명 흰색
黑色 hēisè 명 검은색
种 zhǒng 양 종, 종류
大小 dàxiǎo 명 크기, 사이즈
合适 héshì 형 적당하다, 적합하다
适合 shìhé 동 적합하다, 알맞다
正巧 zhèngqiǎo 부 마침, 공교롭게도
打折 dǎ//zhé 동 할인하다

价格 jiàgé 명 가격
公道 gōngdao 형 합리적이다
搭配 dāpèi 형 어울리다
衬衫 chènshān 명 와이셔츠, 블라우스
衬衣 chènyī 명 와이셔츠, 블라우스
T恤 Txù 명 티셔츠
配 pèi 동 맞추다, (~에) 어울리다

红色 hóngsè 명 빨간색
黄色 huángsè 명 노란색
绿色 lǜsè 명 초록색
紫色 zǐsè 명 자주색
灰色 huīsè 명 회색
粉红色 fěnhóngsè 명 분홍색
天蓝色 tiānlánsè 명 하늘색

见面 jiàn//miàn 동 만나다
谈话 tán//huà 동 이야기하다
生气 shēng//qì 동 화나다
游泳 yóu//yǒng 동 수영하다
帮忙 bāng//máng 동 돕다
散步 sàn//bù 동 산책하다
跳舞 tiào//wǔ 동 춤추다
唱歌 chàng//gē 동 노래하다
洗澡 xǐ//zǎo 동 샤워하다
照相 zhào//xiàng 동 사진을 찍다
放假 fàng//jià 동 방학하다
请客 qǐng//kè 동 한턱내다
随便 suí//biàn 동 마음대로하다
请假 qǐng//jià 동 휴가 내다
着急 zháo//jí 동 초조하다

吵架 chǎo//jià 동 말다툼하다
起床 qǐ//chuáng 동 기상하다
睡觉 shuì//jiào 동 잠을 자다
结婚 jié//hūn 동 결혼하다
旅行 lǚ//xíng 동 여행하다
聊天 liáo//tiān 동 수다 떨다
问好 wèn//hǎo 동 안부를 묻다
毕业 bì//yè 동 졸업하다
跑步 pǎo//bù 동 달리다
出差 chū//chāi 동 출장을 가다
分手 fēn//shǒu 동 헤어지다
抽烟 chōu//yān 동 담배를 피우다
吃惊 chī//jīng 동 놀라다
签名 qiān//míng 동 사인하다
报名 bào//míng 동 신청하다

TSC 필수 어휘

大小 dàxiǎo 명 크기, 사이즈
肥 féi 형 넉넉하다, 크다
宽 kuān 형 넉넉하다, 크다
瘦 shòu 형 끼다, 작다
紧 jǐn 형 끼다, 작다
时髦 shímáo 형 유행이다
流行 liúxíng 형 유행이다
过时 guòshí 형 유행이 지나다
减价 jiǎn//jià 동 세일하다
更衣室 gēngyīshì 명 탈의실
不二价 bú'èrjià 명 정찰가
讲价 jiǎng//jià 동 (값을) 흥정하다
收款台 shōukuǎntái 명 카운터
发票 fāpiào 명 영수증
收据 shōujù 명 영수증
优惠券 yōuhuìquàn 명 쿠폰, 할인권

退货 tuì//huò 동 반품하다
退钱 tuì//qián 동 환불하다
网购 wǎnggòu 동 온라인 쇼핑하다
网上购物 wǎngshàng gòuwù 동 온라인 쇼핑하다

TSC 필수 관용어 & 사자성어

热门货 rèménhuò 인기상품
物美价廉 wùměi-jiàlián 물건은 좋고 가격은 저렴하다
货比三家 huòbǐ sānjiā
물건을 살 때 여러 곳을 비교하다
一分钱一分货 yì fēn qián yì fēn huò
싼 게 비지떡이다

더하기

服装 fúzhuāng 명 복장
衣服 yīfu 명 의복
西服 xīfú 명 양복
西装 xīzhuāng 명 양복
连衣裙 liányīqún 명 원피스
套装 tàozhuāng 명 투피스
大衣 dàyī 명 코트, 외투
外套 wàitào 명 코트, 외투
夹克 jiākè 명 자켓
衬衫 chènshān 명 와이셔츠, 블라우스
衬衣 chènyī 명 와이셔츠, 블라우스
毛衣 máoyī 명 스웨터
坎肩 kǎnjiān 명 조끼
裤子 kùzi 명 바지
牛仔裤 niúzǎikù 명 청바지
裙子 qúnzi 명 치마
饰物 shìwù 명 장신구
领带 lǐngdài 명 넥타이
腰带 yāodài 명 벨트

帽子 màozi 명 모자

围巾 wéijīn 명 목도리, 머플러

手套 shǒutào 명 장갑

手表 shǒubiǎo 명 손목시계

袜子 wàzi 명 양말

丝袜 sīwà 명 스타킹

手提包 shǒutíbāo 명 핸드백

项链 xiàngliàn 명 목걸이

耳环 ěrhuán 명 귀걸이

戒指 jièzhǐ 명 반지

鞋子 xiézi 명 신발

皮鞋 píxié 명 구두

运动鞋 yùndòngxié 명 운동화

高跟鞋 gāogēnxié 명 하이힐

凉鞋 liángxié 명 샌들

제9과 제가 당신에게 한 명 소개해 주고 싶은데, 어때요?

真是 zhēnshi 부 정말, 참[불만의 감정을 나타냄]

正好 zhènghǎo 부 형 마침, 딱 맞다

愿意 yuànyì 동 (무엇을 하기) 바라다, 희망하다

长 zhǎng 동 자라다, 생기다

年龄 niánlíng 명 연령, 나이

身高 shēngāo 명 키, 신장

身材 shēncái 명 몸매, 체격

活泼 huópo 형 활발하다, 활달하다, 활기차다, 생동감이 있다

条件 tiáojiàn 명 조건

还是 háishi 부 이처럼, 그렇게도[의외라는 어감을 더욱 두드러지게 함]

单身 dānshēn 명 솔로(solo), 싱글(single), 혼자

眼光 yǎnguāng 명 안목, 관점

白马王子 báimǎ wángzi 명 백마탄 왕자, 이상형의 남자

可能 kěnéng 부 아마도

像 xiàng 동 ~와(과) 같다, 닮다

高富帅 gāofùshuài 신조어 킹카[키 크고, 돈 많고, 잘 생긴 남자]

定 dìng 동 정하다, 결정하다

联系 liánxì 동 연락하다

真正 zhēnzhèng 형 진정한, 참된, 진짜의

白富美 báifùměi 신조어 퀸카[피부 하얗고, 돈 많고, 예쁜 여자]

成 chéng 동 성공하다, 이루다

套 tào 양 벌, 조, 세트[세트로 된 것을 세는 단위]

该 gāi 조동 ~해야 한다

长 cháng 형 길다

长 zhǎng 동 자라다, 생기다

个子 gèzi 명 키

高 gāo 형 (키가) 크다

矮 ǎi 형 (키가) 작다

头发 tóufa 명 머리(카락)

长 cháng 형 길다

短 duǎn 형 짧다

脸 liǎn 명 얼굴

圆脸 yuánliǎn 명 둥근얼굴

鹅蛋脸 édànliǎn 명 계란형 얼굴

瓜子脸 guāzǐliǎn 명 브이(V)라인 얼굴

眼睛 yǎnjing 명 눈

大 dà 형 크다

小 xiǎo 형 작다

单眼皮 dānyǎnpí 명 홑꺼풀

双眼皮 shuāngyǎnpí 명 쌍꺼풀

TSC 필수 어휘

约会 yuēhuì 명 동 데이트, 데이트하다, 약속하다

谈恋爱 tán liàn'ài 동 연애하다

情侣 qínglǚ 명 연인

谈心 tán//xīn 동 마음을 터놓고 이야기 하다

合得来 hédelái 마음이 잘 맞다, 손발이 맞다

情人节 Qíngrén Jié 명 발렌타인데이(Valentine Day)

电影院 diànyǐngyuàn 명 영화관

爆米花 bàomǐhuā 명 팝콘

平安夜 píng'ānyè 명 크리스마스 이브

圣诞节 Shèngdàn Jié 명 성탄절, 크리스마스

音乐会 yīnyuèhuì 명 음악회

表白 biǎobái 동 고백하다

求婚 qiú//hūn 동 구혼하다, 프러포즈하다, 청혼하다

勤奋 qínfèn 형 부지런하다

乐观 lèguān 형 낙관적이다

外向 wàixiàng 형 외향적이다

开朗 kāilǎng 형 명랑하다

幽默 yōumò 형 유머러스하다

内向 nèixiàng 형 내성적이다

保守 bǎoshǒu 형 보수적이다

小气 xiǎoqì 형 인색하다

懒惰 lǎnduò 형 게으르다

固执 gùzhí 형 고집스럽다

冷淡 lěngdàn 형 냉정하다, 무관심하다

胆怯 dǎnqiè 형 겁내다, 위축되다

自私 zìsī 형 이기적이다

悲观 bēiguān 형 비관적이다

不爱说话 bú ài shuōhuà 과묵하다

TSC 필수 관용어 & 사자성어

一见钟情 yíjiànzhōngqíng 첫눈에 반하다

门当户对 méndāng hùduì
양가의 사회적, 경제적 조건이 맞다

天生一对 tiānshēng-yíduì 천생연분

天作之合 tiānzuò-zhīhé 하늘이 맺어준 연인

더하기

性格 xìnggé 명 성격

大方 dàfāng 형 대범하다

活泼 huópo 형 활발하다

好动 hàodòng 형 활동적이다

诚实 chéngshí 형 진실하다

老实 lǎoshí 형 성실하다

谦虚 qiānxū 형 겸손하다

坦率 tǎnshuài 형 솔직하다

MEMO 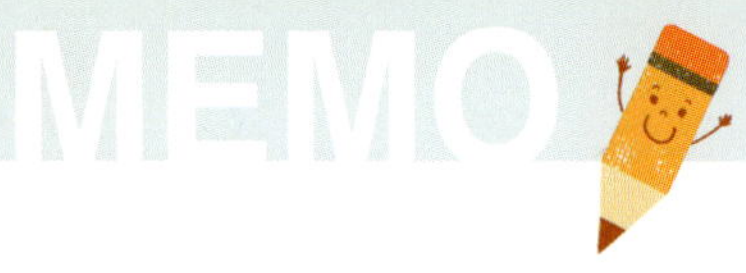